E HANGED MAN.

THE FOOL.

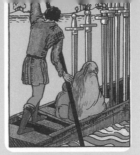

THE MOON.

UEEN of WANDS.

THE DEVIL.

THE HERMIT.

ACE of WANDS.

════ 我的第一本！════

塔羅
自學指南

從占星、數字、符號到色彩，
完整掌握牌義、提升直覺意識，從新手變上手！

梅格‧海耶茲 Meg Hayertz ── 著　　林惠敏 ── 譯

Tarot for Beginners

A Holistic Guide to Using the Tarot for Personal Growth and Self Development

suncolor
三采文化

獻給相信藝術具有神奇力量，

即相信現實具有神奇力量的讀者，

以及願意相信的人。

目 錄

PART 1
現在，開始吧！

PART 2
牌卡說明

讓塔羅牌為自己賦予力量、愛與自由

第一次讓人為我進行塔羅牌解讀是在奧勒岡州（Oregon）波特蘭（Portland）的通靈博覽會上。當時，我對通靈術或塔羅牌一無所知，從大學回家過寒假，媽媽建議我們去參觀博覽會。我會出現在那裡，主要是出於我認為直覺和通靈稀奇古怪，因此也不抱有任何期待。

然而，塔羅牌占卜師卻立刻揭露了我的挑戰和喜悅。當她為我解讀牌卡時，她幫我說出了當時我在遠距戀愛中所經歷的痛苦，做了一件十九歲的我過去從未想過要做的事：她將憤怒和渴望的感受置放在人生更大的時間軸中。我一直沉浸在其中的感情如今變得具體了，而且有其盡頭。我得以呼吸到充滿遠見和希望的新鮮空氣。

在解牌過後，我的思緒因好奇而敞開，我的心不再保持沉默。我沒有繼續浪費大量精力憎恨自己的生活，也沒有將自己的不快樂歸咎於他人，而是與身邊的人建立了更緊密的聯繫，對自己經歷的神祕體驗以及塔羅牌這個工具更著迷，因為這

幫助我敞開心扉去接受自己的人生。我變得更能將情感投入於生活和寫作中。

幾年後，我開始研究塔羅牌。我對這些牌卡如此著迷，因此花了三個月的時間閱讀大量書籍來學習塔羅。透過為朋友和家人解牌，我很快發現自己一生都是透過寫作技巧來訓練直覺。我在諾克斯學院（Knox College）取得創意寫作（Creative Writing）的榮譽學士學位，在加州整合學院（California Institute of Integral Studies）獲得寫作與意識（Writing and Consciousness）的藝術碩士學位，這些磨練了我連結個人生活的具體細節與抽象主題的技能，進而創作出強而有力、充滿詩意且能療癒人心的故事。

我堅信直覺式的寫作技巧與塔羅牌解讀之間有著根本連結，而這樣的想法在一位寫作導師蕾吉娜‧路易絲（Regina Louise）舉辦的研討會上更受鞏固。在研討會上，蕾吉娜要求小組中的幾位作家提供一些關於人生重大時刻的細節。從這些細

節中，蕾吉娜為每個人推測出令人難以置信的個人神話，利用具體和抽象的完美動態平衡，從痛苦中編織出美麗的事物——正如塔羅牌解讀中的煉金術平衡法。

為了練習解讀塔羅牌，我向認識的每個人提供免費占卜。大多數人接受了我的提議，後來要求再做一次，以及後續更多的解讀。我們在這些解讀過程中所達到的深度讓我非常安心。我喜歡為客戶保留空間，讓他們坐下來解決不知道如何用其他方式面對的議題，就如同波特蘭的塔羅牌占卜師為我做的那樣。在我開始閱讀第一本塔羅牌相關書籍的六個月後，我已有足夠的能力可以進行專業的解牌。

然而，我發現許多客戶並不像我一樣喜歡在未知的深淵中摸索，他們反倒希望我告訴他們要怎麼「做」。但在「做」之前若沒有先經過反思、接納，以及單純地與自己的內在體驗共處，這鮮少會發揮效用。

當我在為作家和藝術家解讀時，關於我們在解讀過程中溫柔地揭露的主題和錯綜複雜的狀況，他們確切知道該怎麼「做」。他們會變得充滿活力，走進來時的無精打采消失了，眼神也不再疲倦。當他們衝出我公寓的大門時，會回頭大喊：「我等不及想把這個畫（或寫或唱）出來

塔羅牌持續支持我獲取直覺，並將直覺運用到日常生活中。當我剛開始創業時，我無法從外界環境看到自己成功的證明，而塔羅牌幫助我意識到自己正在奠定的內外基礎。

———————————————

了！」這些藝術家受過的訓練讓他們懂得如何透過技藝來應對未知、宏偉和痛苦。他們已經準備好表達自己當下的經歷，準備讓由此產生的動力和成長來執掌他們的生活，引導他們獲得全新的體驗、創意計畫，以及過去從未想像過的意義層次。

由於塔羅牌解讀為我的藝術家客戶帶來了活力和明確的目的，我開始專門為作家、藝術家、表演者和學者，以及任何渴望發揮創意表達的人解讀牌卡，無論他們的創意表達是透過藝術還是任何其他的自我表現方式，其中也包括商業、社會正義和人際關係等領域。

我開始相信，光是使用牌卡來闡明內在世界是不夠的。如果我們想要成長，我們還必須結合洞見與技能，並將這樣的洞見融入到自身有意識的行動中。為了在我們的個人生活和社群中努力實現創意表達和完整性，我建議使用塔羅牌的 78 種原型

來為自己賦予力量，讓我們變得更有愛也更自由。

想將重大主題、靈性概念與我們日常生活的具體細節相連結，可能不是那麼容易，因為後者往往感覺沒有那麼神祕。塔羅牌是培養這種意識的絕佳工具，但並非所有的塔羅牌入門書籍都能為讀者提供實際可行的技法，讓他們能將牌中的抽象原型、象徵與生活的具體情況連結，也無法將由此產生的洞見引導至日常的行動中。培養這些技巧需要練習，而剛接觸塔羅牌的新手往往不知道從何開始；即使是如「運用你的直覺」和「發揮創造力」之類的指示也可能令人氣餒，而未必有幫助。

為此，本書為此提供練習和明確的方法，以實踐用直覺和內在意識連結自己的思想、行動的技能。這可將生活中的主題與自身的日常經歷相連，這樣的實踐方式讓我們可以快速上手。你會發現自己的生活變得更加啟迪人心、更有意義，也更令人滿意。

透過已經做過的一千多次解讀，我發現塔羅牌幫助我的客戶找到了寫作和出版小說的清晰思路和勇氣，找到夢想的工作，解決衝突，接納並愛自己，釋放一直阻礙他們的焦慮、羞愧或怨恨，離開不健康的婚姻，在社群中培養更多的社會正義，將更多的愛帶入與父母或孩子的決裂關係中，認識終身伴侶，以及過上更有意義的生活。

就我個人而言，塔羅牌持續支持我獲取直覺，並將直覺運用到日常生活中。當我剛開始創業時，我無法從外界環境看到自己成功的證明，而塔羅牌幫助我意識到自己正在奠定的內外基礎。這些牌卡幫助我相信自己的直覺，儘管遇到障礙，仍能繼續前進。這讓我堅持不懈，發展出令我謙卑和滿足的做法，與美好的顧客群建立連結，並在今日為你們寫下這本書。

我在本書中提供的指引將有助你連結直覺，提升你對生活中更重大主題的覺察，並發展出你一直嚮往且令人滿意的美好生活。

請好好享受！

PART 1

現在，開始吧！

1

塔羅牌的過去與現在

塔羅牌是可以引導我們獲得深刻見解的靈性工具。這些牌卡激發了我們的創造力，並促使我們與自己、他人、地球和神聖力量產生連結。塔羅牌幫助我們體驗生命的無限。儘管塔羅牌展示了無限的靈性體驗，但 78 張牌本身是在我們有盡頭的有限世界中創造出來的。特定歷史時刻的人們接納、發展、塑造、分析和描繪了永恆的原型，這為他們帶來了限制，但也帶來了啟發。在本章中，我們將探索塔羅牌的簡史，研究牌卡的可能起源、與其意象相關的靈性傳統，以及這些牌卡如何用於占卜。

起源

　　從一開始，桌遊和撲克牌就時不時地與占卜相連。我們似乎天生喜歡拿命運當遊戲，以尋求更多的滿足、意義或刺激。當事關重大或在人生中遭遇重要關頭時，我們可以開始審視自己的處境，緊急尋找有助自己終結不確定性並掌控命運的線索。因此，占卜和賭博儘管在某些方面背道而馳，但可能都源自於同一種想主宰命運的衝動。本書中反覆出現的訊息是：世俗與靈性之間有著複雜卻息息相關的關係，有時很難明確說明，而我們可利用塔羅牌這項工具來連結生活中這些獨立但相互關聯的領域。

塔羅牌從何而來？

　　塔羅牌由大阿爾克那（稱為主題牌 key cards 或大牌／王牌 trump cards）和小阿爾克那組成。早期的大阿爾克那牌很可能是仿照義大利狂歡節和懺悔節前節慶遊行中稱為「凱旋」（triumphs）的花車所製作的；它們融合了基督教、諾斯底主義和異教徒的意象。小阿爾克那與我們的標準撲克牌非常相似，包括從王牌（Ace）到四組小牌的國王（每組小牌額外增加一張宮廷

— 提問 —

何謂原型？

原型是跨越時間出現在世界各地的神話、故事和宗教中的人物、主題和意象。原型人物包括母親形象、智慧長者和小丑，而在塔羅牌中則是皇后、隱士和愚人。分析心理學的創始人卡爾・榮格表示，所有人都與這些原型相關，並透過這些原型互相了解。

牌）。

　　我們用於撲克和釣魚等遊戲的標準撲克牌，可能起源於七世紀被伊斯蘭教征服之前的波斯帝國。正如保羅・胡森（Paul Huson）在他的《塔羅牌的神祕起源》（Mystical Origins of the Tarot）一書中的描述，這些撲克牌在十三世紀傳至埃及的阿拉伯國家：馬木路克蘇丹國（Mamluk Sultanate），然後在十四世紀傳至歐洲。

　　十五世紀，米蘭公國的統治者菲利波・瑪麗亞・維斯孔蒂（Filippo Maria Visconti）委託他人製作了一副撲克牌，這可能是女兒比安卡・瑪麗亞・維斯孔蒂（Bianca Maria Visconti）要嫁給未來的米蘭公爵法蘭切斯科一世・斯福爾扎

（Francesco Sforza）時送給她的禮物。這副如今被稱為維斯康提塔羅牌（Visconti-Sforza Tarot）的牌組，將我們所知的標準撲克牌與另外 22 張牌（後來的大阿爾克那）組合在一起。儘管可能並非第一副塔羅牌，但維斯康提塔羅牌是已知最古老的塔羅牌。

塔羅牌遊戲（起源於義大利，名稱為 trionfi，意為「勝利」）成為歐洲各地流行的紙牌遊戲。當時這是一種吃墩（trick-taking）的紙牌遊戲，每張卡有分配的價值，玩家輪流抽牌和棄牌，目標是拿到最高價值牌卡的玩家獲勝。

塔羅牌如何成為熱門的占卜形式？

當拿破崙在十八世紀之交入侵埃及時，被盜走的文物從埃及運往歐洲。這讓歐洲人普遍對埃及產生興趣，對古代神祕主義和神祕學傳統的好奇在歐洲蔚為風潮。人們大約在這個時候開始使用塔羅牌占卜。玄祕牌組專門為占卜而生產，需求量迅速激增。

許多關於塔羅牌的虛假歷史因而被編造出來，並被廣泛接受為真理，讓人們得以想像它古老而神祕的起源。十八世紀中葉，新教牧師兼共濟會成員安托萬·考特·哥伯林（Antoine Court de Gébelin）捏造了一套大眾普遍接受的歷史，將塔羅牌的起源定位於古埃及。他還暗示卡巴拉（猶太神祕主義的傳統）和塔羅牌之間有所連結。

法國神祕學家艾利馮斯·李維（Éliphas Lévi）後來建立了一個廣泛的系統，將卡巴拉的元素與大阿爾克那、小阿爾克那相連結。李維提出了一個被人們廣為接受的說法，即塔羅牌起源於卡巴拉。

1887 年，致力於神祕學研究的組織：黃金黎明協會在英國成立。其成員之一亞瑟·愛德華·偉特（A. E. Waite）繼續編纂與塔羅牌相關或可能相關的神祕象徵系統與占卜技術，其中也包括占星學。他請藝術家兼黃金黎明協會成員潘密拉·科爾曼·史密斯（Pamela Colman Smith）為一副使用這些象徵的塔羅牌畫圖。他們的牌組於 1910 年由倫敦出版商威廉·里德父子（William Rider & Son）出版。

萊德偉特史密斯（Rider-Waite-Smith）牌組仍在印刷中，並持續以占卜工具的形式通行。它被視為標準的塔羅牌，以其 78 張原型牌卡為基礎，啟發了數千或數百的塔羅牌組，包括從集體塔羅牌（Collective Tarot）、嘻哈塔羅牌（Hip Hop Tarot）到奧

為塔羅牌賦予生命力的女性

THE HIGH PRIESTESS.

潘密拉・科爾曼・史密斯是萊德偉特史密斯塔羅牌（Rider-Waite-Smith）的藝術設計師。她運用亞瑟・愛德華・偉特的研究和自己的靈感直覺，對牌卡進行了藝術的破格設計，用人物和風景改造小阿爾克那，並為大阿爾克那增添了意象和氛圍的層次。科爾曼・史密斯於 1878 年出生在倫敦，父母是美國人，她從小便遊歷了各大城市和各大洲，包括從英國的曼徹斯特和倫敦，到美國布魯克林，還有牙買加。長大成人後，她積極參與國際藝術、文學、戲劇和政治。她與某國際劇團一同設計布景和服裝，並為威廉・巴特勒・葉慈（W. B. Yeats）和伯蘭・史杜克（Bram Stoker，《德古拉》的作者）等作家及婦女選舉權運動創造插圖。她主辦沙龍，並出版了許多書籍和一系列雜誌。她具有聯覺能力，這表示她的某些感官在神經學上相互連結。科爾曼・史密斯可以看見聲音，她畫出了貝多芬、舒曼和柴可夫斯基的音樂圖像。1907 年，當年她二十八歲，至今仍著名的攝影師且頗具影響力的歐美現代藝術推動者阿爾弗雷德・斯蒂格利茨（Alfred Stieglitz），在他位於紐約的攝影分離派小藝廊（Little Galleries of the Photo-Secession）為她舉辦了一場展覽。斯蒂格利茨的藝廊過去完全致力於攝影，但科爾曼・史密斯的畫作深深打動了他，所以他接受了她的展覽請求。她的作品在《紐約太陽報》（New York Sun）上佳評如潮，吸引了大眾，並引起了作為策展人的斯蒂格利茨的注意。儘管科爾曼・史密斯在展覽中的大部分畫作都已售出，而且評論家稱讚她的技巧勝過愛德華・孟克（Edvard Munch），但這場展覽實際上是斯蒂格利茨而非科爾曼・史密斯的職業生涯轉捩點。➡

身為女性，科爾曼‧史密斯的藝術作品幾乎沒有得到認可，這讓她很沮喪和鬱悶。甚至她設計的牌組名稱通常也被稱為萊德偉特塔羅牌，完全省略了她的名字。近年來，一直有人在大力宣揚她對塔羅牌的藝術詮釋和貢獻。她和偉特的牌組現在更常被稱為萊德偉特史密斯（Rider-Waite-Smith）塔羅牌。然而，科爾曼‧史密斯本人卻在 1951 年身無分文且默默無聞地去世。

潘密拉‧科爾曼‧史密斯的藝術作品使塔羅牌更能喚起人們的共鳴、更容易理解、更有意義，而且對數以百萬計在萊德偉特史密斯塔羅牌的圖像中找到指引的人來說，具有深刻的靈性意義。正如《紐約太陽報》評論員詹姆斯‧吉本斯‧赫尼克（James Gibbons Huneker）所述：「潘密拉‧科爾曼‧史密斯這位年輕女性擁有男女都少見的特質——想像力。」

修禪塔羅（Osho Zen Tarot）等等。

善用塔羅牌

塔羅牌的解讀不僅可以讓人一窺可能的未來，也讓我們能夠了解自己當下的狀況、做出決定，並培養自覺、直覺和創造力。不論是有意識還是無意識，理性還是非理性的許多影響都會在塔羅牌的解讀中匯聚。

因此，塔羅牌有助我們與各種認知方式校準，同時也協助我們在各個生活領域之間建立連結，否則這些領域會因時間、地點或存在方式而分離。我們不必在工作時將心留在家裡、將靈性隔離在信仰場所，或是將理性思維與情緒分開。我們在解讀塔羅牌時所建立的連結，有助於讓自己在生活的各領域感到更完整且充滿活力。

魔法在哪裡？

魔法（也拼寫為 magick，用以區別舞台魔術師聳人聽聞的表演）是以看不見的力量發揮個人意志的實踐，通常是為了實現對集體有益且尊重自然的願景。魔法還包括占卜，或者說如同在塔羅牌中對那些看不見的力量和更大視野的感知。

儘管常見的說法認為，魔法這個詞包

含任何無法解釋或極其令人敬畏的事件，但二十世紀初的英國神祕學家阿萊斯特·克勞利（Aleister Crowley）強調，魔法具體而言是為實現一個人的更大目的所採取的任何行動，而這也包括一般的行為。我支持克勞利將一般或世俗的事物納入魔法的整體範疇，因為我發現最終很難區分可觀察到的事實和現象與它們令人眼花撩亂的神祕本質。

無論是信徒還是非信徒，都將占卜視為一種魔法，而對我來說，它代表了使用非科學方法獲取關於未知（包括未來）資訊的任何技術。我認為這是讓藝術成為占卜的一種形式，因為這個過程會產生超出理性思維範圍的洞見，就如同大多數形式的冥想，因為冥想練習可以帶來我們理性思維之外的自覺和靈性覺察。

我希望透過這本書來傳達：認為魔法或神聖與平凡之間存有分歧的想法是錯誤的。那種似是而非的分歧理論已經造成我們自身的分裂，然而，塔羅牌可幫助我們重建我們的完整性。

從古至今，當然會有人使用錯誤的占卜方式來操縱人心並獲取權力和名譽。但誠實的占卜並非詭計，而是抵制誘惑的做法，讓我們的理智頭腦來控制自己的經

「大牌和宮廷牌中使用的暗示意象與人們心靈中的某部分產生共鳴，夢境和願景體驗由此而生。這種神祕的特性可能自然而然地促成紙牌作為占卜工具的發展……」

——保羅·胡森，《塔羅牌的神祕起源》

驗，以尊重自己身體、情感和自然世界的智慧。

這樣的知識並非多愁善感、異想天開或可有可無的。如果我們要本著良心對待自己、彼此，以及賦予我們生命的地球，那麼相關的直覺知識形式是絕對必要的。我認為，有時人們對占卜的普遍蔑視帶有壓制的企圖，目的是將非科學的認知和存在方式混為一談，並將它們歸類為騙局和空想，從而消除其合理性。

儘管我們在追求意義的過程中必須嚴謹、認真和誠實，但我們不需要完全仰賴邏輯。塔羅牌作為占卜工具的有效性來自於多種認知方式的結合。其中包括與牌卡關係錯綜複雜的靈性傳統，以及牌卡中具有普遍性和文化基礎的原型和象徵意義，它們在我們的潛意識中產生共鳴，開啟我們的認知。最終，我們體驗到的是無限豐富且微妙的層次。萬事萬物皆存有意義，

新手的最佳練習

　　塔羅牌幫助我們提升直覺——我們無須有意識地推理就能知道或理解的能力——的方法之一，是透過反映我們在抽牌之前的預感或幾乎無意識的想法。除此之外，牌卡通常可協助我們確認自己認為當前處境具有更重大意義的預感。（例如，我們可能在生活中的某些時刻知道自己應該擔心，但莫名地，我們並不憂慮。我們抽出一張牌，看到自己正意識到更高的召喚，如「審判」，或事情即將結束，如「太陽」。）我們越頻繁地使用這些牌卡並透過它們進行外部確認（這有助於我們意識到日常生活中這些最初微妙的感知），我們就越相信自己的經歷、感知和夢境是合理的。

　　因此，在解讀牌卡的過程中，保持放鬆是很重要的。在不太確定牌卡的意義時，實際上可能是我們必須開放直覺，讓直覺發揮作用的時刻。背誦牌卡的意義是提供準確解讀的一種工具，但過分仰賴背誦的意義會使我們無法培養、信任自己對訊息的直覺理解。在你查看某張牌卡在書中的意義說明之前，請先花點時間連結自己對這張牌卡的直覺反應。

只等待在最小的提示下傾洩而出。

靈性傳統

如前所述，大阿爾克那反映了諾斯底主義、天主教和異教徒的意象，但也有許多與牌卡相關的靈性傳統，例如占星學、卡巴拉、生命靈數和煉金術，以及更多與塔羅牌有相似之處和連結的靈性傳統，包括水晶療法和阿育吠陀（印度的傳統醫學體系）。

原型與象徵意義

塔羅牌的意象可喚醒記憶、感受、疑問和直覺認知。它們引導我們向內探索，以便感知、表達關於我們外在世界的真相。作為這樣的工具，我們很容易認出牌卡在日常生活中所描繪的人物和狀況。

魔術師可能是你足智多謀的朋友，他能讓事情成真；寶劍國王可能是個嚴厲的老闆；命運之輪展現命運可以如何在一夜之間改變。南非作家勞倫斯·凡·德·普司特（Laurens van der Post）在薩利·尼可斯（Sallie Nichols）所著的《榮格與塔羅》（Jung and Tarot）引言中提到，瑞士心理學家卡爾·榮格（Carl Jung）認為塔羅牌的「創造和預感來自於深沉的集體無意識模式，而人在處理這些模式時獲得了提高意識的潛力」。

塔羅牌的圖像還包括風、火、水和土等普遍重要的自然元素。塔羅牌中的象徵則來自天主教和猶太教，以及希臘和埃及神話。雖然這些傳統已被挪用至塔羅牌中，因此喪失重要的背景，但這些象徵和圖像所具有的意義，即使未必全然普遍，但仍為數百萬人所認可。有時，特定文化的圖像會在我們的心靈中產生共鳴，因為它們展現出潛在的普遍性；其他時候則因為這種文化的影響之廣大，且深深地影響我們理解世界的方式。

由於牌卡中的圖像可能包含豐富的關係網絡，並代表我們全部的生活領域，因此牌陣可以在難以掌握的局勢中，為我們提供廣闊的視角。當我們看到一張牌卡時，任何在心中浮現的圖像或感覺，都指向我們內心需要關注的事物。

塔羅牌揭示了我們的經驗要素之間可見和不可見的關聯線。我們的宇宙無限微妙，我們的經歷、概念、位置和目標是如此相互連結，以至於其中蘊含的意義總是等著我們給它傾訴的機會。

邁向自我探索

　　塔羅牌既平凡又神祕——就和我們一樣。自我探索的關鍵在於駕馭平凡與神奇之間關係的能力：選定我們的經歷，將抽象概念與特定事件配對，並將個人與普遍性相連。在接下來的章節中，我們將看到可以如何使用塔羅牌來開啟生活中的意義，以培養自我意識和個人賦權。

塔羅牌的運作方式

塔羅牌由 78 張牌卡組成：22 張大阿爾克那牌（Major Arcana，也稱為大牌或主題牌），以及 56 張分為四個小牌組的小阿爾克那牌（Minor Arcana）。在本章中，我們將熟悉塔羅牌的物質層面，深入研究如何解讀，並了解這些牌卡的象徵特性。

塔羅牌的選擇和使用

你的塔羅牌是通往靈性自我的門戶，因此善待它很重要。本章節將探討你可以採取哪些步驟來培養自己與牌卡的初步連結，包括牌組的選擇、使用前的準備，以及練習期間對塔羅牌的保養。

挑選牌組

本書如同大多數的新手入門書籍，採用的是萊德偉特史密斯（RWS）的詮釋系統。但這並不表示如果你對 RWS 不感興趣或 RWS 並不吸引你，還是必須使用這套牌組。以 RWS 牌組的 78 張原型卡為基礎所創造出的牌卡已有上百副，因此請儘管選擇吸引自己且信任的牌卡。儘管這些牌組使用的確切象徵有所不同，但只要牌卡使用的是 RWS 詮釋系統，第二單元所述的正逆位意義大致上仍會符合你選擇的牌卡。

另外也有其他使用不同詮釋系統的牌組。如果你選擇的是牌卡定義不同於 RWS 牌組的托特塔羅或馬賽塔羅，或是任何牌卡少於 78 張原型卡的牌組，那麼本書中的牌卡說明將對你沒有幫助。但萬一你選擇使用非 RWS 牌組，本書中關於透過塔羅牌成長、保養牌卡等方法仍適用於你的塔羅牌練習。

為牌卡做好使用的準備

在你用新牌卡進行首次解讀之前，請先淨化牌卡並調頻。一旦開始使用牌卡，請保持牌卡的潔淨，並在不使用時加以保護，並清除外來的能量。

淨化你的牌卡

當你入手一副新的牌卡，尤其在你不是這副牌卡的第一個主人時，可以進行以下的動作之一來淨化牌卡：

- 在滿月期間將牌卡放在窗台上或戶外。
- 將你的牌卡埋在鹽中幾天（先將牌卡放入塑膠袋中，才不會真的接觸到鹽！）。
- 燃燒鼠尾草或使用煙燻棒，將牌卡置於

你接觸到的許多塔羅牌都會使用羅馬數字系統（I、II、III、IV 等），而不是標準化的阿拉伯數字系統（1、2、3、4 等）。在整本書中，為了便於閱讀，我寫出小阿爾克那的數字，但因為我在提到大阿爾克那時用的是名稱，因此在本文中它們都附有羅馬數字。

上升的煙霧中。

- 按順序排列牌組中的 78 張牌：從愚人（0）到世界（XXI），然後是每個小牌組的王牌（Ace）到國王。將牌卡排好後，重新洗牌。

只要你覺得自己的牌卡已經吸收了一般淨化法（見下文「定期淨化」）所無法處理的額外能量，就可以回來使用這些方法中的任何一種。

調頻

與你的新牌卡建立連結，或進行調頻，簡言之就是尊重自己的牌卡、做任何有助於你信任自己牌卡的事，並將它視為重要且特別的。

在你開始用新的牌卡解讀之前，請先花一週的時間和它校準。把你的牌擺在特別的地方，比如你的聖壇（見第 15 頁）或枕頭下，每天花點時間熟悉牌卡。如果你願意的話，可以洗牌並將牌卡排開，或單純凝視牌卡中的圖像，直覺地感知出現的任何情緒、心理或靈性連結。

定期淨化

你的牌卡可能仍帶有過去解讀和解讀環境的能量。在解讀之前，請先用簡單的儀式來清除牌卡上所有外來的能量。

以下提供兩種選擇：

1 有節奏地洗牌，並用牌卡輕敲桌面，以釋放多餘的能量。你可以為此培養自己的節奏。

2 在手中將牌卡展開成扇形，輕吹牌卡邊緣，接著在手中將牌卡收攏成一疊，在牌卡表面輕敲一下。

保養你的牌卡

將牌卡存放在保護盒或保護袋中，如此可保持清潔且不會吸收外來能量。你也可以用絲綢布料或任何深色布料包裹牌卡，以防止牌卡吸收任何額外的能量。包裹卡片的布也可以作為占卜布，以呈現你的解讀空間。

天然材質是用來保護牌組的理想材質——例如木箱、絲綢、棉布或亞麻布——但最重要的是，無論是什麼顏色或材質，都要懷著敬畏之心來存放你的牌卡。

解讀塔羅牌的重要環節

在正式進行塔羅牌占卜前後要注意哪些重要的環節？若要進行占卜，預先為我們自己、牌卡以及空間做好準備將會很有幫助。

之後，我們會清理牌卡中的占卜能量。

空間和牌卡的準備

你可能會決定在聖壇前或其他感覺特別的地方進行占卜。確實，任何令人感到平靜，以及可以讓你專注、不受干擾的地方，都是理想的空間。

將手機關機。如果你願意，可以點蠟燭或放音樂來幫助自己放鬆和敞開心扉。你也可以邀請任何更高力量的指引，尋求符合最高福祉的觀點或指引。設定意圖，或請求勇敢面對解讀過程中出現的智慧與洞見，並暫時放下個人的恐懼與偏好。與儀式合一將有助你經常進入與想法或圖像相關的靈性或聯想狀態。

淨化你的牌卡（見上一頁），然後在乾淨的表面鋪上占卜布（如果有的話）。

讓心靈做好準備

靜坐並專注於呼吸 5 到 10 分鐘，然

提問

何謂聖壇？

聖壇是你可以存放個人重要靈性物品的小桌子或表面。這可能包含小型宗教雕像、祖先的照片和／或其他對個人有意義的物品。聖壇也可能包含代表四元素之一的物品。如果你已經有聖壇，或者決定做一個聖壇，你可能會想把塔羅牌存放在你的聖壇上。你可以在聖壇前冥想或祈禱，也可以進行塔羅牌解讀。

後再為自己進行解讀。你可能會發現以下的方法很有幫助：觀想一道光進入你的頭頂，讓身體充滿光，而光像根鬚一樣繼續進入大地，為你接地。或單純將思緒停留在呼吸上，這樣多餘的想法就會消失或變得不那麼急迫，讓你對自己的內在體驗敞開心房。

精準提問

塔羅牌不回答例如「她是我的真命天女嗎？」或「我應該離職嗎？」這類的是非題。更確切地說，牌卡會闡明現在和過去的動態發展，指出我們可能忽略的因素，指出我們需要成長的領域，而且可

塔羅牌的象徵意義

塔羅牌的符號來自各種神話和宗教傳承。儘管獨立存在於激發其意象的傳統和宗教之外，但它們所包含的思想和原型仍然可以在我們的心靈中產生共鳴，並為我們提供相關的洞見和指導，無論我們認不認同這些傳統。

萊德偉特史密斯塔羅牌組經常出現基督教神話中的圖像。亞當和夏娃多次出現，例如戀人牌和惡魔牌中的囚犯，我們也看到蛇作為誘惑的象徵出現在聖杯七之中。

我們還在許多牌卡的背景中看到基督教信仰的實踐，例如教堂；以及許多人物的職業，例如教皇牌（一位教皇和兩位修道士）或大教堂的石匠、主教和錢幣三中的修道士。

我發現值得注意的是，基督教的象徵對牌卡中的顏色象徵定義的影響。各種顏色代表的情感和象徵意義因文化而異，萊德偉特史密斯塔羅牌將白色形容為純潔和純真時便透露出其中的侷限，因為很難擺脫這種象徵所暗示的種族主義。

埃及神話，或者更確切地說是歐洲對埃及神話的詮釋，也影響了許多牌卡的象徵意義。例如星星牌上的朱鷺代表的是托特神，而我們從皇帝牌的權杖上看到了安卡（ankh），即埃及的生命象徵。

　　我們還可從牌卡的圖像中認出希臘神話中的人物。波瑟芬妮（Persephone）的石榴裝飾著女祭司的面紗和皇后的衣裝。荷米斯（Hermes）的帶翼頭盔和靴子有助於推動聖杯騎士進行溝通。

　　卡巴拉的象徵主義也充實了塔羅牌的內容。我們在錢幣十看到錢幣排列成生命之樹的形狀，而生命之樹本身就掛著倒吊人。

　　每個黃道星座都與一張大阿爾克那相關，而每張牌卡的意義也明顯帶有其他的占星連結。我們還看到星座符號繡在人物的衣服上，例如戰車和寶劍九等牌卡。此外，代表元素的煉金術符號裝飾著牌卡，例如命運之輪。來自其他西方神祕傳統的象徵也出現在整副牌中，例如死神和權杖二中有玫瑰十字會的玫瑰。

以展示我們的行動在未來可能造成的結果——也就是說，如果我們繼續朝目前的方向前進會有什麼結果。

未來並非一成不變。我們永遠都可以選擇必須處理的事情，發揮創造力來改變自己的命運——例如，培養善良、好奇心和韌性等有益的特質，以及在做決定時更能自我覺察和深思熟慮。

當我們坐下來解牌時，可能會問這樣的問題：

- 在我的狀態下，能夠發揮作用的最重要動力是什麼？
- 我的決定會帶來什麼影響？
- 我應該關注什麼才能解決這個問題？
- 我應該培養什麼特質最能應付這樣的情況？
- 我沒有看到或拒絕看到的是什麼？
- 我的處境背後有什麼問題？
- 在這種情況下，我有什麼選擇？

如果你沒有急需解決的問題，可以這樣問：「今天我該注意哪些影響和可能性」或「今天我最該培養哪些特質」。

選擇適合你問題的牌陣。關於基本的牌陣選擇和使用的最佳時機請參考第3章。當你準備好向牌卡提問時，你可以大聲說出自己的問題、在心裡默唸，或是寫在日記裡。你可能喜歡用一本特別的日記來記錄自己的占卜，包括問題、牌卡，以及你的解釋和思考。

洗牌

洗牌和切牌的方法有很多，要如何混合和選擇牌卡都取決於你。重要的是，在洗牌和選牌時請專注在當下並敞開心房。讓你的非慣用手引導自己，因為據說透過非慣用手更能讓直覺自由流動。

傳統的洗牌方法是拿起一副牌，從底部取出部分牌卡，然後擺在最上面。繼續以同樣方式進行，直到你直覺認為牌卡已經就緒。如果你想切一副牌，請用非慣用手將一副牌分成2到4疊，然後按照你覺得合適的任何順序，將牌卡疊回一疊。

你也可以在占卜布或潔淨的表面上將牌卡攤開，然後用自己的非慣用手混合牌卡。接著，依舊使用非慣用手，抽出你將占卜的一張或多張牌卡。

在排列牌陣時，你可選擇讓所有牌卡背面朝上，然後再一張張翻面；或是將牌卡正面朝上，並從對你來說最突出的牌卡開始解讀；或是注意牌卡之間的關聯，例如多張王牌、重複的象徵，或是似乎彼此

對立的牌卡。

在洗牌時，如果有一張牌掉出來，這很重要。如果你進行的是單牌占卜（請參閱第34頁），請使用這張牌。如果你正在排牌陣，請記下掉出的牌，將它放回牌組，然後繼續洗牌。通常這張卡會再度出現在你的牌陣中。如果它真的出現了，請特別留意它的意義和位置。如果沒有出現，請在解讀過程中將其牢記在心，以作為指引要素或重要的支持因素。

牌卡解讀

我們需要練習，才能試著將牌卡中的象徵意義與生活中的人事物相連。這是既需要智慧，也需要直覺。在解讀塔羅牌時，我們會將抽象概念與個人相連結。請記住，這當中有許多因素會發揮作用。

當我們的意識思維過於渴求特定的答案時，這會掩蓋直覺帶給我們的訊息。另一方面，當我們堅信塔羅牌的解讀極為深奧時，可能會忽略那些顯而易見的牌面含義。因此，在解讀牌卡時，請為自己保留在直覺和意識之間搖擺的空間。而且請對自己和牌卡保持耐心。

頓悟可能不會發生在解讀塔羅牌期間，而是發生在生活中意想不到的時刻，

而這都多虧解讀牌卡時開啟的問題。可以預期的是，每次的解讀都會不同。

第4章提供了循序漸進的方法來解讀個人成長和賦權的牌卡，以及伴隨每個步驟的練習。整體而言，我解讀牌卡的方法流程分為四個部分：

1　對卡片激發的直覺聯想敞開心房。
2　注意你的聯想和直覺訊息如何連結牌卡的含義。
3　將牌卡的抽象符號和原型與你自己的經驗相連結，探索並發展任何浮現的洞見。將這個洞見融入你看待自己處境的意識方法。你可以透過任何形式的表達來進行，例如藝術、寫日記，或只是與可信賴的朋友交談。
4　既然這個洞見已成為你思想中有意識的部分，請思考自己的洞見迫使你採取什麼行動。依據你的洞見行事讓你可以表達和體現自己的成長，為自己和你影響的每個人謀福利。

靈性連結

塔羅牌與許多靈性實踐息息相關，例如占星學、卡巴拉、生命靈數和煉金術。讓我們來看看這些層面如何進一步影響塔羅牌的解讀。

占星學

自從黃金黎明協會神祕主義者建立了最早連接這兩個領域的系統以來，涵蓋占星學的塔羅牌系統便一直持續發展。第 5 章列出了與每張大阿爾克那牌相關的行星或星座，但如果你是占星學的愛好者，還有許多書籍可以為塔羅牌的所有 78 張牌卡提供更多的占星學關聯。

對星座或行星的概略了解（或是對你的個人星盤有確切的了解）可為牌卡的解讀提供更多線索。例如，皇后牌與金星有關，因此與金星相關的特質，如美麗、愛情和快樂，有助於我們了解皇后與她所重視的事物。此外，如果皇后出現在解讀中，你可以查看金星在自己星盤中的位置，以進一步考量並顯示皇后的特質在你目前生活中的重要性。

卡巴拉

卡巴拉是猶太神祕主義的傳統，據說是除了《摩西五經》（Torah）外，傳授給摩西的祕密口傳律法。它影響了西方神祕學傳統赫密斯卡巴拉（Hermetic Qabalah）的基礎，融合了如西方占星學、煉金術、新柏拉圖主義、諾斯底主義等傳統，以及許多其他的影響。因此，它構成了英國神祕學家亞瑟・愛德華・偉特在萊德偉特史密斯牌組中所闡述的塔羅牌哲學基礎。

卡巴拉的核心是生命之樹。簡單地說，生命之樹是提供包含物質和神聖等所有經驗的地圖。這張地圖向我們展示了所有生命的相互關聯，以及人與神性之間的詳細連結。

生命之樹由 10 個球體（質點）組成（每個球體代表一種體驗面向），以及連接它們的 22 條路徑。十九世紀中葉，法國神祕學家艾利馮斯・李維建立了一個廣泛的系統，將卡巴拉的元素與大阿爾克那和小阿爾克那相連結。

在他建立的連結中，他將 22 條生命之樹的路徑與 22 張大阿爾克那牌配對。他還使用卡巴拉來強化每組小阿爾克那牌與自然元素的關聯：聖杯牌是水、權杖牌是

火、錢幣牌是土、寶劍牌是風。

本書中的塔羅牌說明並沒有詳細介紹希伯來字母，也沒有公開列舉卡巴拉的概念。然而，許多卡巴拉的概念已被納入牌卡的標準定義中。

生命靈數

生命靈數透過研究數字的意義，向我們呈現每張牌卡的重要面向。例如，3 是創造（如兩種力量的結合形成第三種事物，像是父母和一個孩子）和平衡（如三角形的幾何穩定性）的數字。每張塔羅牌的生命靈數意義可參考本書第二單元的討論。

玫瑰十字會

這個以新教為基礎、受卡巴拉啟發的神祕教團始於十五世紀初的德國，由醫生所發起，而他們的誓言包括免費醫治病人。玫瑰十字會的重點包括哲學、科學、冥想、心靈感應和煉金術。玫瑰十字會為黃金黎明協會（成立於 1888 年）奠定了基礎，現代塔羅牌就是從這個祕傳組織中誕生的。

在塔羅牌中，我們從死神和權杖二等牌面中看到玫瑰十字會的象徵——玫瑰十字。在這個符號中，十字架代表人體，玫瑰則代表從身體綻放的意識。

煉金術

煉金術士不僅尋求點鉛成金，而且還致力於轉化壓垮他們的人性缺陷，將他們的缺陷燃燒殆盡以便與神性結合。

煉金術和塔羅牌之間最早的關聯出現在十五世紀的維斯康提塔羅牌中，其中的隱士描繪的是一位在實驗室工作的煉金術士。隨著十七和十八世紀煉金術的蓬勃發展，以及神祕主義和塔羅牌的占卜用途，當時流行的塔羅牌遊戲開始在牌卡中帶有煉金術符號，後來也成為牌卡占卜詮釋的一部分。你會在許多牌卡中看到這樣的特質，尤其是命運之輪，因為牌卡中央就是汞、硫磺、水和鹽的煉金術符號——構成生命的四種煉金術基本元素。

大阿爾克那 The Major Arcana

THE MAGICIAN.

THE HIGH PRIESTESS.

　　阿爾克那（arcana）一詞的意義是「奧祕」。大阿爾克那——22張主題牌或大牌——是人生的「重大奧祕」。當我們願意深入，或當生活迫使我們深入時，大阿爾克那牌就會出現在占卜中。在發生重大變化、動盪或成長的時期，例如悲傷、事業生涯轉變或墜入愛河時，大阿爾克那會為我們提供指引。

STRENGTH.

THE HERMIT.

　　大阿爾克那也稱為愚人之旅。愚人（0號牌）代表詢問者，即我們每個人內心的尋求冒險者，他們穿越牌卡1到21的路徑。大阿爾克那的旅程可直觀地排成3排，每排7張牌，稱為七位一體。每七張牌代表一種發展層次：有意識的、無意識的和更高意識。如需深入了解，可參考瑞秋·波拉克（Rachel Pollack）的著作，尤其是《78度的智慧》（Seventy-Eight Degrees of Wisdom: A Book of Tarot），提供了對愚人之旅的透澈解釋。

THE FOOL.

THE DEVIL.

THE TOWER.

THE EMPRESS.

THE EMPEROR.

THE HIEROPHANT.

THE LOVERS.

THE CHARIOT.

WHEEL of FORTUNE.

JUSTICE.

THE HANGED MAN.

DEATH.

TEMPERANCE.

THE STAR.

THE MOON.

THE SUN.

JUDGEMENT.

THE WORLD.

23

小阿爾克那 The Minor Arcana

大阿爾克那代表重大轉變、強大的影響力和靈魂層面的成長，而小阿爾克那牌則顯示特定的日常生活面向。這些是生活中的「小奧祕」。相較於大阿爾克那，小阿爾克那闡明的是暫時性或較淺顯的情況和影響。

小阿爾克那有四種花色：聖杯、錢幣、寶劍和權杖。每組花色由 10 張號碼牌和 4 張宮廷牌所組成：侍衛、騎士、王后、國王。

小阿爾克那的四種花色將我們的經驗投射至四個不同的領域或能量特質。每種花色都與一種自然元素相關，以進一步闡明這種花色的特質。

聖杯牌的花色與水元素相關。聖杯牌處理的是情感、關係、精神生活和靈性問題。

錢幣牌與土元素相關，代表物質世界、原料、身體、健康、資源、金錢和職業。

風元素為寶劍牌組的屬性。寶劍代表批判性思維、清晰和心態。

以社會為導向的權杖牌是火元素。它們代表活動、創造力、願景、溝通和事業。權杖牌協助我們了解自己在團體（家庭、工作場所和社群）中的積極角色和目的。

每個數字在四種花色中都具有共同的含義：

1（王牌） 一體性、開端、力量
2 二元性、平衡、選擇、夥伴關係
3 綜合、創造力、動態平衡
4 物質成就、結構、秩序
5 變化、挑戰、不確定性、調解
6 和諧、融合、順從
7 靈性、考驗
8 領航、繁榮、權威
9 完成、冥想、實現目標
10 頂點（成功或困難）、開始和結束

數字 1 到 10 代表情況，而宮廷牌則代表人物和性格特徵：

侍衛代表新手、學生、年輕人和學徒。他們富有靈感且充滿好奇心。

騎士很擅長該花色的特定領域，儘管他們並不全然理解和掌握自己的道路。他們往往比以為的更賣力和狂熱。他們一心想拯救世界、追求理想、創造偉大的事物，並墜入愛河。

王后代表對內在的掌握。王后也幫助其他人於自己內在培養其花色的特質。

國王代表外在的控制和領導能力。自力更生是他們展現其花色特質的能力特徵。

綜合解讀

了解這些花色的特質，以及每個數字或宮廷人物的意義，將為你提供開始解讀小阿爾克那牌所需的所有資訊。例如，讓我們來看一下權杖四。

要確定這張牌的基本含義，我們只需要知道數字 4 代表穩定和秩序的實現，權杖則代表社會領域。社會領域的穩定會有什麼樣的展現？在家庭、社群或工作中獲得穩定的角色——例如婚姻、贏得選舉或獲得晉升、成為足球教練或獲得終身職位。

為成長做好準備

本書旨在支持你連結直覺、理解和表達自己的洞見，並將你的洞見整合至自己的感知和行動中。塔羅牌可為生活各領域的成長提供觀點和洞見，包括從人際關係、職涯決定和創意計畫，再到家庭生活和靈性問題。牌卡協助我們更能自我覺察、理解、寬容且富有同情心。它們支持我們做出決定、探索我們的經驗、發揮創造力並採取行動，讓我們能夠過著美好、熱情、與內在連結且完整的充實生活。

塔羅牌陣

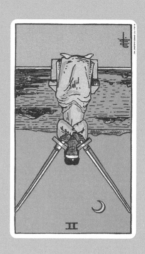

　　塔羅牌讓我們可以同時查看問題或情況的多種面向及其關聯。塔羅牌中每張牌的位置有助於定義該牌的含義，而每張牌代表你體驗的其中一個面向。這些面向可能包羅萬象，從「近期影響」到「我如何看待自己」，到「我在關係中的想法」再到「我需要放下的事物」。

　　牌陣可一次向我們展現生活的多個面向，讓我們能縮小範圍，並從全局看待自己的生活或特定情況。一次地審視生活的多個面向，也讓我們能夠輕鬆建立可能會忽視的連結，同時融入生活的意義，並將生活視為旅程，而非根據是否符合失敗或成功的外在定義來評斷自己。

　　牌陣解讀的重要部分之一是逆位（上下顛倒的牌卡）。逆位很少代表正位的反面意義，顯示的反而是：

- **該牌卡的極端特質或情況**（通常為負面，但並非總是如此），例如當牌卡呈現逆位時，權杖國王的自信成了自負。

- **正位的意義，但增加了困難、延遲或阻力**。正位的特質隱藏在我們的處境或態度中。

- **強調正位的意義**。有時，牌卡以逆位的形式出現是為了吸引我們的注意。

- **表示正位的當下狀況已結束**，尤其當正位描述的是痛苦的情況。例如，用決定來解決寶劍二的優柔寡斷，或是聖杯五的哀悼者走出悲傷的時期。

你怎麼知道是以上的哪種情況？請跟隨直覺。例如你將能分辨太陽逆位是因為你感到不必要的憂鬱，還是因為徹底欣喜若狂？第二單元中的牌卡說明也對每張牌的逆位意義提供了指引。很重要的是要記住，當你看到一張牌以逆位出現時，不要失去希望。有時光是看到一張牌處於逆位，就足以讓我們意識到問題是什麼，以及如何解決。

這些牌卡可相互說明，用各種方式創造出整體訊息。舉例來說，當兩張以上的牌卡具有共同特質時，例如重複的花色、數字或主題（例如平衡、開始或結束），代表這是牌陣的整體訊息中所要強調的特質。

相反地，當牌卡的特質相互對立或為彼此增加複雜性時，牌卡可能顯示的是局勢的變化或緊張，例如當聖杯八顯示我們離家進行無限期旅行時，而錢幣四卻顯示我們需要保護自己的資源。這可能代表關於我們的需求、願望、優先事項和世界觀的複雜真相。

最後，牌卡透過展示過去、現在和未來（開始、中間過程和結束），以及我們的動機和生活中的重要人物、地點、社群和想法，來建立敘述或故事路線。

新手解牌要訣

要詮釋此範例牌陣或任何其他牌陣，請將每張牌卡的意義與其位置的意義相結合。留意這些意義如何描述你的生活，並尋找可將生活中這些元素相連的敘述，便能理解所有資訊。在第 3 章中，你將找到許多常見的牌陣和範例解讀。在進行我們的第一次解讀時，讓我們選擇過去 / 現在 / 未來牌陣，並以伊瑪尼（Imani）的經歷為例來說明。

伊瑪尼是剛畢業的大學畢業生，她覺得需要與社群建立更多聯繫，但她不確定該著重在哪個社群（家庭、朋友、工作、鄰里或政治）建立更深的聯繫。她想知道應以哪些考量或主題作為指引的依據。她決定用過去 / 現在 / 未來牌陣來約略了解該採取的行動步驟。

伊瑪尼的牌卡：

1   2   3

位置 1 過去的狀況和影響：權杖二

位置 2 現在的狀況和影響：聖杯九

位置 3 未來的狀況和影響：權杖七

伊瑪尼的第一張牌：權杖二

這個位置代表過去的狀況和影響。這是一張代表積極、創造性夥伴關係的牌卡，是伊瑪尼一直重視的部分——她總是有一個最好的朋友或親密伴侶。處於這個位置的這張牌幫助伊瑪尼找到有意義的成長觀點，讓她可以更頻繁地獨自出門。

伊瑪尼的第二張牌：聖杯九

伊瑪尼的現況和影響卡片描繪了一位慷慨的主人，這促使伊瑪尼思考生活中已經舉行的親友聚會。有時，伊瑪尼會在家中為親友和鄰居舉辦大家各出一菜的說故事餐會。聖杯九鼓勵她繼續像這樣將人們聚集在一起，並專注於將這作為經常性的優先事項。

伊瑪尼的第三張牌：權杖七

這是張會在個人信念的指引下捍衛自己和他人的牌卡。由於這張牌處於未來狀況和影響的位置，如果伊瑪尼繼續目前的行為，可以期望她會透過舉行社群活動來獲取更強大的信念感。她可能會發現自己在捍衛自己的信念。

整體而言，伊瑪尼已準備好照顧關心的人，並為他們舉辦聚會。這麼做將讓她擁有信念和社群支持，也得以捍衛對自己，以及可能對她的社群而言重要的事物。

如何使用本書

如今你已具備了一些塔羅牌的背景知識，而且對如何解讀塔羅牌來獲得個人洞見和成長有了大致了解，本書的其餘部分旨在指引你與塔羅牌和自己的直覺建立牢固的關係，以便始終如一地取得塔羅牌的指引。

在第 3 章中，你將找到許多常見的牌陣和使用建議。我在第 4 章分享的方法將幫助你透過牌卡冥想更深入覺察自己的體驗。在為自己排牌陣時，這種方式有助你找到每個塔羅牌陣的意義。

本書的第二單元可探索 78 張牌卡中每一張牌卡的細節。在詮釋的過程中可參考牌卡的定義，但請記住，你與牌卡的連結就與牌卡本身的含義一樣重要。

你可透過研究牌卡的定義來快速學習牌卡。每張牌卡都代表著深刻而微妙的體驗類型，你可以透過解牌、建立自己對牌卡的理解來徹底了解牌卡。為了學習以最有效的方式使用牌卡，我建議你為自己解讀牌卡（使用第 3 章的牌陣和第 4 章的練習），並每天或每週留出一點時間背誦第二單元的定義。

塔羅牌的運作方式

3

常見牌陣與範例解讀

在本章中，我們將探索 10 種最基本的牌陣和範例解讀，以深入練習牌卡的解讀。儘管本章提供了特定的範例解讀內容，但這些牌陣適用於各種主題和問題。

在你按照第 2 章所述，為自己和牌卡做好準備後，你可根據自己尋求的意見類型和所需的觀點範圍來選擇牌陣。例如，「比較選擇」牌陣有助於做決定，而「放手 / 成長」牌陣有助於靈性成長。「單牌解讀」提供單一議題的觀點，或是關於一天或一週的指引，而「凱爾特十字」牌陣和「必要關鍵」牌陣，則提供跨越更長時間且可能涵蓋更多生活領域的觀點（儘管單牌解讀可能帶來影響深遠的建議）。最終在選擇要使用哪個牌陣時，跟著感覺走就對了！

指示牌

THE HERMIT.

THE WORLD.

指示牌（significator），通常稱為 signifier，是預先指定（而不是從牌組中抽出）用來代表你（問卜者）的牌卡。用意是讓你的解讀更個人化，並縮小解讀的範圍，以提供與你最相關的資訊。如果你的牌陣感覺缺乏個人色彩且難以連結，這張牌會很有幫助。

我個人不使用指示牌，因為我更感興趣的是我們在任何一天或任何時刻浮現的不同面向，而且往往是令人意想不到的面向。儘管有些解讀者會使用指示牌來增加解讀的連貫性，但我接受沒有這張牌卡時所揭露的，關於我們個性和存在狀態的變化和波動。

在沒有指示牌的情況下解讀也可以騰出空間，讓該牌卡出現在牌陣中的其他位置。哪一種方式都沒有對錯，只是個人偏好問題。我並沒有在本書中納入關於將指示牌用於牌陣敘述或範例解讀的指示，但如果你認為使用指示牌有幫助或想嘗試一下，以下提供一些將指示牌的使用整合至練習中的簡單說明：

在許多傳統中，指示牌是根據你的性別和膚色來辨別的，這顯然是一種帶有種族主義、性別歧視和性別規範的技法。較不具爭議的技法是根據與你的年齡和占星上的太陽星座相對應的宮廷牌來選擇指示牌。然而，我發現這種技術過於侷限，因為我們的太陽星座和年齡永遠無法描繪出自己的動機或經歷的全貌。

我偏好的方式是將問卜者的指示牌指定為他們的人生道路大阿爾克那牌，因為我發現大阿爾克那更能引起共鳴並充滿深刻的可能性。在選擇你的指示牌時，請依照「人生道路」牌陣的說明（參考第 40 頁）計算你的人生道路卡，並使用這張牌卡作為你的指示牌。

　　若要將指示牌用於解讀，請先將指示牌正面朝上地擺在桌上，接著將牌陣的第一張牌橫向擺在指示牌的上方。如果你在凱爾特十字牌陣中使用指示牌，請將預先指定的指示牌擺在位置 1，然後從牌卡中抽牌，擺在 2 至 10 的位置。解讀時，注意指示牌與牌陣中其他牌卡的圖像和／或意義之間的關聯。

單牌解讀

　　只需從一副牌中抽出一張牌卡，然後擺在面前的占卜布或桌上。一張塔羅牌通常便能產生足夠的靈感來滿足一般的疑問。此外，你可以每天早上抽一張牌來了解當天要關注的資訊。

　　我通常會在每個禮拜的一開始為自己抽一張牌，用來連結未來七天要探索的主題和問題。抽出的牌卡總是幫助我理解生活中的事件，建立更有意義的連結，並得知該接受哪些機會，或該向哪些機會說「不，謝謝」。

　　有時，牌卡證實了我對某種情況的預感或直覺。有時，牌卡會促使我走出舒適圈，展現自己出於恐懼或無意識習慣而採取的行動。也有些時候，當我的關注過於狹隘時，牌卡可以讓我瞥見更全面性的狀況；在我心神不寧時讓我繼續完成手邊的任務；或是讓我以全新的方式看待自己的處境，帶來意想不到的驚喜。我總是能從牌卡的問題、主題和特質中找到意義、呈現意義的本質，並將個人的經驗聯想加入至我對牌卡的理解中。

1

單牌解讀範例

阿爾蒂（Aarti）是位忙碌的中年專業人士。在身負重任的同時，她仍想保持健康。她詢問牌卡：「對於自己的健康，應該注意些什麼？」儘管絕不該用塔羅牌取代醫療專業人士的建議，但塔羅牌可以提供額外的提醒和靈感，讓我們懂得如何尊重和連結自己的身體。

位置 1 世界

1

阿爾蒂在洗牌後抽出世界牌。

世界牌是代表完成的牌卡。阿爾蒂應該完成生活中任何被拖延的計畫，這樣她未了結的問題和未解決的衝突就不會為自己帶來壓力，讓她無法活出真我。

因為世界牌也是一張慶祝和歡樂的牌卡，這表示阿爾蒂會好好慶祝她的身體健康。她應該從事讓自己開心並帶來喜悅的活動。她應該跳舞。

阿爾蒂下個月將慶祝生日。世界牌鼓勵她在生日前完成尚未完成的計畫，這樣她就可以無憂無慮地慶祝生日，並發揮喜悅和慶祝的作用，讓自己的健康和生活方式恢復平衡。

放下／成長牌陣

當我們不知為何卡住時，「放手／成長」牌陣為我們提供了見解和方向。它幫助我們接受挑戰並更優雅地度過這段過渡期。

位置 1　我需要放下的是什麼

位置 2　為了成長需專注的特質

放下／成長牌陣範例解讀

亞絲翠（Astrid）來到牌卡前，想知道她應該如何以安全的方式，在安全的地點尋找（兼具浪漫和理性的）熱情。她問：「是什麼阻礙了我？我需要放下的是什麼？什麼樣的特質可以幫助我過著熱情但不具破壞性的生活？」

1　　　　　　2

位置 1　聖杯八

位置 2　聖杯七

　　聖杯八建議亞絲翠必須放下部分的旅遊慾。聖杯八是一張離開井然有序的生活，到別處尋求成就的牌。亞絲翠一直過著不斷離開的生活。她經常旅行，喜歡和她主要伴侶以外的對象約會。當她看到聖杯八位於需要放下的位置時，她理解雖然過去的冒險幫助她成長，但持續離開的模式也不斷使自己遠離有意義且可能更富有熱情的生活，而她確實擁有這樣的生活。

　　她可以如何將自己到處流浪的能量引導至現在與伴侶史蒂芬妮相伴的生活中？**聖杯七**是一張創意牌卡。她可以和史蒂芬妮一起夢想哪些可能性（而不是她的個人冒險）？她們可以一起想像或探索什麼？

　　史蒂芬妮和亞絲翠長期以來一直夢想能擴大她們的農場，以便納入一個救援動物保護區。亞絲翠知道，一起實現這個夢想將是一次有意義且充實的冒險，會讓她感到更有活力，而且讓她與自己、伴侶以及她想在這個世界上扮演的角色建立更緊密的連結。她打算放下自己不斷離去的習慣，轉而發展自己和史蒂芬妮夢想生活的可能性。

過去／現在／未來牌陣

　　過去／現在／未來牌陣是可將我們混亂的生活排序成有意義敘述的簡單方法，為我們提供了一扇窗，讓我們得以了解該如何成長，以及現在的方向、價值觀或目標。

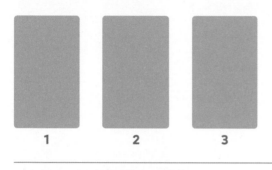

1	2	3

位置 1　過去的狀況和影響

位置 2　現在的狀況和影響

位置 3　未來的狀況和影響

過去／現在／未來牌陣範例解讀

　　亞歷克斯（Alex）的兒子狄倫（Dylan）即將上高中。亞歷克斯抽塔羅牌尋求指引，希望了解當下教育兒子的最佳方式。他選擇以過去／現在／未來牌陣來思考過去如何支持狄倫的成長，以及現在可能需要如何改變自己的教育方式，才能在狄倫的高中時期為他提供最好的支持。

ACE of SWORDS. WHEEL of FORTUNE. ACE of WANDS.

1　　　　　　　2　　　　　　　3

位置 1	寶劍王牌
位置 2	命運之輪
位置 3	權杖王牌

在位置1的「過去的狀況和影響」中，**寶劍王牌**顯示亞歷克斯在兒子童年時期教養的智慧和成功。作為新手父母，亞歷克斯閱讀大量的教養書籍，對自己的育兒方法也很用心。寶劍王牌著重在寫作、出版、智慧與成功。亞歷克斯和他的妻子成功地養育了一個聰明快樂的孩子。

在位置2的「現況和影響」出現了**命運之輪**，代表命運的改變，指的是亞歷克斯和妻子在狄倫上中學時離婚。這種變化令家人難以適應。亞歷克斯認為關於離婚的書籍沒有幫助，因此持續以循序漸進的育兒法來應對出現的問題，並依據家庭的新生活和成長中的孩子調整自己的風格。

在位置3的「未來的狀況和影響」，我們看到另一張王牌，這次是**權杖王牌**。儘管狄倫中學時期的生活充滿了動盪和變化，但亞歷克斯和兒子很快就會經歷另一個充滿潛力、活力和成功的王牌時期。隨著這段重大變化時期的結束，狄倫和亞歷克斯的精力不再專注於如何熬過每一天，新的能量帶來了新的可能。權杖王牌是參與家庭和社交的牌卡。亞歷克斯會好好專注於讓狄倫參與父子活動，並支持狄倫過著積極的社交生活，而這種可能很快就會顯現。

人生道路牌陣

　　人生道路牌陣使用生命靈數來辨識你人生中的指導原型。這個牌陣使用大阿爾克那牌，此牌陣提供關於你的過去、現在和未來可能前進方向的全面性視角。

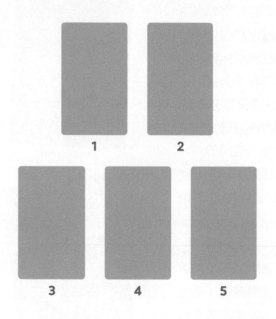

位置 1　人生道路

位置 2　陰影

位置 3　去年

位置 4　今年

位置 5　明年

將你出生的月分、日期和年分的數字相加，以計算出你的**人生道路牌**。例如，如果你出生於 1989 年 1 月 3 日，便進行以下的計算：1+3+1+9+8+9=31。如果總和為兩位數，請再將這兩個數字相加，直到得出個位數的總和。例如：3+1=4。你的人生道路卡將是 4 號牌：皇帝牌。

接著使用下表來計算你的**陰影牌**。陰影是種無意識的人格特質，當它保持在無意識狀態時，會使我們陷入困境並造成內心的掙扎、衝突和困惑。

將你出生的日期和月分（但不包含年分）的數字加上前一個年分的四位數字，便可計算出你的**去年牌**。如有必要，請將得出的數字相加，直到將數字縮小至 1 至 21 的範圍。選擇對應該數字的大阿爾克那牌。

將你出生的日期和月分的數字加上今年度的四位數字，便可計算出你的**今年牌**。如有必要，請將得出的數字相加，直到將數字縮小至 1 至 21 的範圍。選擇對應該數字的大阿爾克那牌。

將你出生的日期和月分（但不包含年分）的數字加上明年度的四位數字，便可計算出你的**明年牌**。如有必要，請將得出的數字相加，直到將數字縮小至 1 至 21 的範圍。選擇對應該數字的大阿爾克那牌。

你的人生道路牌是：	你的陰影牌是：
I. 魔術師	X. 命運之輪 XIX. 太陽
II. 女祭司	XI. 正義、XX. 審判
III. 皇后	XII. 倒吊人 XXI. 世界
IV. 皇帝	0. 愚人、XIII. 死神
V. 教皇	XIV. 節制
VI. 戀人	XV. 惡魔
VII. 戰車	XVI. 塔
VIII. 力量	XVII. 星星
IX. 隱士	XVIII. 月亮

人生道路牌陣範例解讀

　　金（Kim）認為自己在過去的一年有大幅成長，但很難用言語表達她在自己身上看到的這些變化。她也希望反思自己最近的成長是否符合整體的人生道路。她排出人生道路牌陣，以獲得更深刻宏觀的視野。

1

2

位置 1	教皇
位置 2	節制
位置 3	倒吊人
位置 4	死神
位置 5	節制

3

4

5

金的人生道路牌陣中的**教皇牌**位置告訴我們，金的最終目的是學習、教導和建立有意義的社群，以促進人們對人與神性之間連結的認知，並提醒我們與彼此相互尊重和支持的方式。

　　教皇牌之路的一個重要面向是：學習如何參與知識機構而不會感到痛苦或延續隨波逐流的行為，保存智慧的同時促進有意義的探索。

　　陰影位置的**節制牌**顯示金的陰暗面是她放縱和／或剝奪的傾向。作為陰影，節制表示缺乏平衡，無論是在享樂還是缺乏方面（如飲食失調，或在意識體驗中迴避情緒）。然而，無論我們的陰暗面是什麼，它只會以無形且無規則的方式推動我們，直到我們開始了解這項挑戰的本質，並接受我們本身便具有這項正面特質。因為我們必須以艱難的方式來學習這項特質，才能了解它所有的來龍去脈和許多面向。因此，如果金接受其中的訊息，節制可能會成為她最強大的特質。

　　代表金前一年的牌卡是**倒吊人**。她學到的是關於自我犧牲、絕望、信任和信念等課題。她想知道自己是否會因為自己的身分而得到認可和讚賞，但後來她決定按照信念和對宇宙的信任生活，而不是仰賴別人的認可或反對（請注意，我們會繼續整合任何特定年分的課題，直至隔年的生日）。

　　今年的**死神牌**顯示金的課題與結束、釋放和轉化有關。在去年意識到她必須釋放想獲得外界認可的需求，以及得不到認可的怨恨之後，金今年實際上經歷了釋放過去對認可的態度這樣的過程。這種成長的痛苦在於她不得不面對被拒絕的強烈恐懼，轉變是她不再像過去那樣因害怕被拒絕的恐懼而止步。這實際上讓她能接受自己的人生道路，即教皇牌，因為她對自己參與組織團體的能力更有信心，而不會被拒絕或陷入不得不順從的狀態。

　　明年對金來說是重要的一年，因為明年的牌「節制」也是她的陰影牌。金將學到很多關於在生活中保持平衡的意義。節制牌由於擁有適當平衡的所有必要元素，是一張在情感、創造力和靈性上蓬勃發展的牌。金的節制年很可能是將「倒吊人」和「死神」的痛苦轉化為藝術、社群和愛的一年。

必要關鍵牌陣

　　必要關鍵牌陣讓我們可以縮小範圍並快速了解自己的生活。這個牌陣讓我們一瞥過去、現在和未來，同時也著重自己的能力和熱情。這個牌陣來自本尼貝爾‧溫（Benebell Wen）的著作：《整體塔羅牌》（Holistic Tarot）。

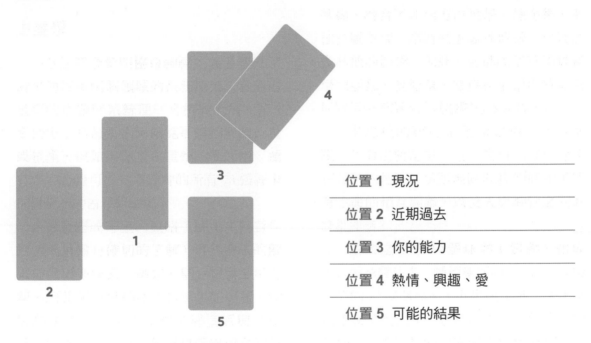

位置 1	現況
位置 2	近期過去
位置 3	你的能力
位置 4	熱情、興趣、愛
位置 5	可能的結果

必要關鍵牌陣範例解讀

賴瑞（Larry）為自己進行必要關鍵牌陣的占卜，以作為定期的反思練習。

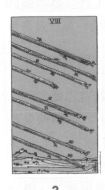

位置1	權杖九
位置2	權杖八
位置3	權杖七
位置4	塔
位置5	聖杯侍衛

權杖九位於賴瑞現況的位置，並代表防禦。賴瑞最近開始和伴侶同居，但發現他們的溝通方式無效。賴瑞習慣搶先捍衛自己的觀點，而且在溝通時充滿防備心。然而，這種溝通方式令現任的伴侶傑（Jay）倉皇失措，他比較想更溫和地討論問題。與此同時，賴瑞對他和傑的新家充滿警戒心。他們正在建立滋養的關係和共同的家，而賴瑞則持續密切注意任何可能威脅到他們共同生活的事物。

處於「近期過去」位置的權杖八，顯示了從權杖八到權杖九的明顯進展。過去三年來，賴瑞的生活狀況一直懸而未決。他們的生活一直受到擾亂，他們不斷搬家。權杖八顯示，除了旅行之外，還有一連串的活動構成了最後通往成功的推動力。賴瑞能從工作和社群中不穩定的角色，轉變為找到值得保護的工作和家庭。

位於賴瑞能力位置的權杖七向我們展現賴瑞溝通方式的正向意義，以及這在社群、家庭和工作中發揮的作用：賴瑞捍衛他們的價值觀。雖然他們目前在關係中的溝通可能會錯誤地偏向過度防禦，但總的來說，賴瑞是個富有同情心且堅定自信的溝通者，他會保護自己和他人免受不公平對待。在擔任保姆的工作中，賴瑞教導孩子們以具同理心和社群意識的方式溝通。賴瑞可以善用他們的才能來進行有效和具同理心的溝通，以改善他與伴侶傑的關係。

塔出現在熱情、興趣和愛的位置上，乍看下似乎是令人驚訝的牌。然而對賴瑞來說，這張牌是有道理的。賴瑞喜歡摧毀資本主義、父權制和性別二元論。在幾年前差點結束自己的生命之後，他們對自己做出了承諾。他們不會選擇自我毀滅的行動，而是將自己的破壞力量投入至壓迫性機構。為了每個人的健康、幸福和安全，他們強調減少社群中的暴力行為。賴瑞明白塔——他們將破壞力量用在同理心的用途——是貫穿行動的主題。

在賴瑞的「可能的結果」的位置上，聖杯侍衛顯示賴瑞和傑將成功創造安全的家與和諧的關係，讓甜蜜、創造力和探索新感受的精神得以實現。

凱爾特十字牌陣

　　凱爾特十字是最著名的塔羅牌陣，可為詢問的情況提供細微的審視。
你可選擇將此牌陣用於一般的生活解讀，或用來檢視任何特定情況下的因
素，例如事業或靈性成長。

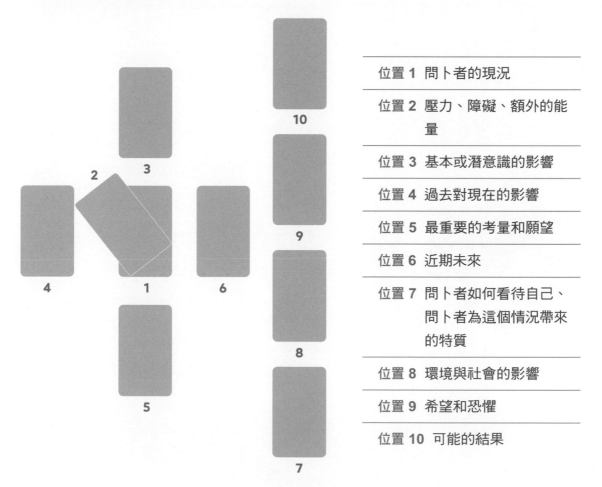

位置 1　問卜者的現況

位置 2　壓力、障礙、額外的能
　　　　量

位置 3　基本或潛意識的影響

位置 4　過去對現在的影響

位置 5　最重要的考量和願望

位置 6　近期未來

位置 7　問卜者如何看待自己、
　　　　問卜者為這個情況帶來
　　　　的特質

位置 8　環境與社會的影響

位置 9　希望和恐懼

位置 10　可能的結果

凱爾特十字牌陣範例解讀

　　露西亞（Lucia）剛滿二十八歲。隨著她的青年時期接近尾聲，她想了解自己目前在人生中所處的位置。必須讚揚的是什麼？需要額外注意的是什麼？生活的各方面是否平衡？最理想的下一步是什麼？

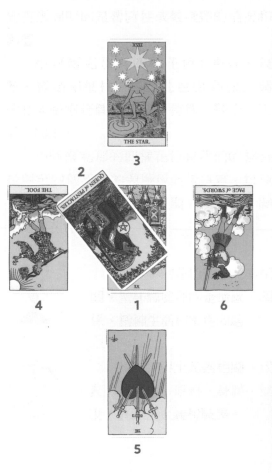

位置 1	聖杯六（逆位）
位置 2	錢幣王后（逆位）
位置 3	星星
位置 4	愚人（逆位）
位置 5	寶劍三（逆位）
位置 6	寶劍侍衛（逆位）
位置 7	寶劍四
位置 8	錢幣二（逆位）
位置 9	寶劍八
位置 10	聖杯七

逆位的聖杯六顯示，懷舊之情目前已壓垮了露西亞的感知。她懷念的是什麼？一般而言，她渴望更舒適的日子，即父母能夠預期並妥善照顧她的基本需求。她也懷念過去某段關係中的安全感，在這段關係中，她和伴侶不必像現在這樣擔心收入，而且可以共同打造舒適的家。

逆位的聖杯六代表露西亞一直陷入懷舊的誘惑，過度樂觀地看待過去。而這張牌的逆位也指出，露西亞目前在嘗試打造家園時感覺受到擾亂，因為她為了往返紐約市及她和伴侶位於紐約市北部地區的家而時間分散。她目前來來回回的生活方式帶來的不安，可能是她懷舊的原因。看到逆位的聖杯六，露西亞意識到她一直沉浸在懷舊之情中，因而忘了關注目前生活中實際的解決方案。

逆位的錢幣王后再度反映出露西亞意識到自己一直持續關注的事物。正位的錢幣王后具有調動資源的本領，可讓所有相關人士都感到安心踏實且受到支持。逆位的錢幣王后則忙於其他任務和擔憂。這無疑是露西亞的寫照，因為她一直將資源用於建立自由職業生涯，但卻未能將資源投入至家中。她確實對打造理想的家感到無能為力，因此正在等待包括時間在內的更

多資源到來，才能做出決定或採取行動。

位置 1 和 2 中代表壓力的牌卡顯示，雖然露西亞目前需要打造一個家，但不是缺乏可支持該任務的資源，就是這樣的資源並非她的優先考量，或是沒有被她看見。露西亞意識到這是個問題，因此決定每週做一件小事，為她的生活建立一種家的感覺。

位置 3 中的星星牌顯示，希望、靈感和更新是用來理解露西亞現況的基礎。露西亞確實對家庭生活懷抱著遠大的願景，而這與她目前的處境相去甚遠。她正在一個激勵人心的地方打造一個富有創意且緊密交織的社群，而這使她的願望更難以達成。此外，露西亞的夢想整體而言相當遠大，她想用感覺夠穩定的住所來支持自己為生活擬定的所有遠大計畫。所幸位置 1和 2 中的牌代表暫時的情況，而星星牌表示她激勵他人和受激勵的能力會持續存在。

逆位的愚人表示愚蠢和不負責任。這張牌位於「過去對現在的影響」位置，表示露西亞不負責任的日子——包括生活的許多領域，因為大阿爾克那牌從不侷限於特定領域——如今已經過去了。

露西亞的首要考量是逆位的寶劍三。這代表動盪和痛苦，但至少有機會宣洩和釋放。她和伴侶可靠地幫助彼此宣洩，討論他們的問題和釋放情緒。儘管要她和伴侶分享自己的感受很困難，因為他們都對自己的生活狀況感受到壓力，但這是優先事項。

位置 6 是逆位的寶劍侍衛。正位的寶劍侍衛是權力動態的感知者，並傳遞這類訊息。逆位的寶劍侍衛則會利用自己對人類心理的了解來散播流言或操縱人心。

看到這張牌，露西亞告誡自己在近期要懂得辨別收到的任何訊息，因為這些訊息可能不準確，而且有意操縱人心或傷害他人。尤其當她現在的生活狀況似乎正處於關鍵時刻，她應該懂得分辨潛在的室友，以及收到關於潛在住處的資訊。

考慮到星星牌，她必須確保在引導自己的靈感想像中結合直覺及批判性思維，而不是讓輕信將她引入陷阱。重要的是，她要反省自己最近的愚蠢行為（主要是過度狂歡），這樣似乎對她有幫助的新資訊浮上檯面時，這些行為就會留在她的過去，而不會像星星牌的陰暗面：輕信一樣再度浮現。

位置 7 又是一張寶劍牌。值得留意的是，寶劍四在寶劍三之後，而寶劍三是露西亞的首要考量。她認為自己停滯不前。她需要表達並釋放自己因住處而帶來的壓抑情緒，而這符合自己的想法：她將必須決定要住在哪裡和未來的生活方式，而她正在為此做好心理準備。從正面來看，在拋開愚蠢的狂歡時光後，而今她獲得的活力和觀點確實帶來休息和準備的機會。

露西亞知道逆位的錢幣二指的是什麼。這是平衡雙重生活的牌卡。奔波兩地的生活讓她感到失去平衡。然而，這張牌卡的正位意義也存有活力與動力的潛在可能。或許露西亞可以找到方法，利用她活躍的生活潛能，讓她更能實現對自己、伴侶和社群的美好願景。

位於位置 9 的寶劍八，顯示希望或恐懼。寶劍八是一張痛苦的牌，所以這表示她害怕自己被不知情的考量所困。這也呼應了逆位的寶劍侍衛，顯示有人利用他們的所知來對付她。她覺得自己無法覺察是什麼樣的影響構成了她典型的模式，而且她很焦慮，不知道該走哪一條路，甚至完全無法區分這些選項的差別。她害怕陷入目前的不安狀態，或是不小心讓自己陷入糟糕的處境。

位置 10 的聖杯七顯示，未來仍有太多

潛在的誘人選擇，但這是一張比寶劍八更
正向且充滿希望的牌卡。這也暗示了目前
逆位聖杯六的進展：從回顧過去的懷舊之
情，轉而開始想像未來。在幻想和一廂情
願的想法中，聖杯七為想像的解決方案帶
來希望。富有想像力的解決方案確實是讓
我們從寶劍八的癱瘓狀態中解放的方式之
一，有時需要寶劍八的壓力才能為創意方
案創造條件，而不是隨便的想像。

　　整體而言，在人生的這個階段，露西
亞需要關注是自己天馬行空的想法。她應
該專注於連結自己的創造力和樂觀，以及
分辨各種選擇的能力，以避免輕信或一廂
情願。擺脫部分的懷舊之情將有助她釐清
對這項任務的看法。

　　對露西亞來說，接下來重要的步驟包
括將注意力轉移至改善家庭狀況的實際進
展。表達她正在經歷的壓力情緒將有助於
釋放額外的壓力，並釐清她的選項。最重
要的是，她應該接受星星牌正向特質的指
引，這是這個牌陣的基礎，這張牌鼓勵她
釋放和淨化。

關係牌陣

　　我喜歡採用和凱爾特十字相同的排列方式來進行關係牌陣,只是牌卡位置的意義略微不同。這個牌陣可用來獲取關於感情或非感情關係的建議。最好雙方都在場(每人拿一半的牌卡,或拿著自己的整副牌卡,洗牌後輪流放下牌卡),但也可以由其中一方單獨完成,用來深入了解一段重要關係的動態。這個牌陣來自瑪莉‧K‧格瑞爾(Mary K. Greer)的著作:《跟著大師學塔羅》(Tarot for Your Self)。

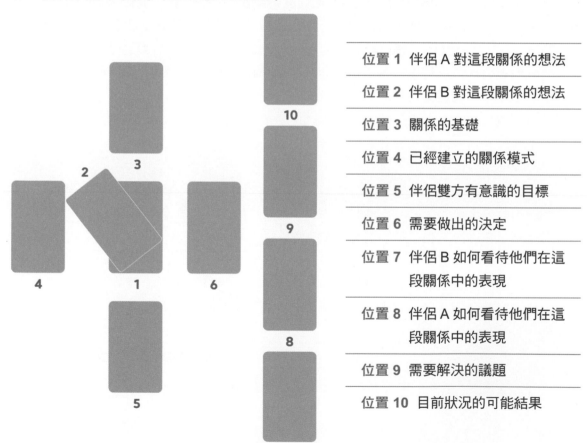

位置 1　伴侶 A 對這段關係的想法

位置 2　伴侶 B 對這段關係的想法

位置 3　關係的基礎

位置 4　已經建立的關係模式

位置 5　伴侶雙方有意識的目標

位置 6　需要做出的決定

位置 7　伴侶 B 如何看待他們在這段關係中的表現

位置 8　伴侶 A 如何看待他們在這段關係中的表現

位置 9　需要解決的議題

位置 10　目前狀況的可能結果

關係牌陣範例解讀

瑞秋（Rachel）和賽斯（Seth）已經約會了六個月。他們排出了關係牌陣來思考這段關係。

位置 1	聖杯騎士
位置 2	聖杯王牌
位置 3	權杖八
位置 4	寶劍五
位置 5	節制（逆位）
位置 6	錢幣五
位置 7	世界
位置 8	錢幣騎士
位置 9	倒吊人（逆位）
位置 10	錢幣六

處於這個位置的**聖杯騎士**代表瑞秋在這段關係中的想法，也顯示瑞秋對這段愛情的熱情和理想主義。當騎士面向另一張牌時，這可以提示我們關於騎士熱情的性質或方向。這個位置的騎士面向**錢幣五**，顯示瑞秋可能帶有理想性的想法，認為可透過共度困境來建立親密關係。當有人或情況為他們的理想帶來考驗時，聖杯騎士很容易受傷或不耐煩。

但展望未來並深入了解後，這可能會成為問題，我們看到錢幣五位於位置6，代表需要做出的決定。當外力或疾病影響了他們的健康、時間或金錢等資源時，瑞秋和賽斯能否一起做出決定，幫助他們度過艱辛的時期？

我們還看到逆位的**倒吊人**在位置9：需要解決的議題。這表示伴侶雙方的信任能力是最需要解決的問題。瑞秋將需確保自己的行為符合她在困境中提供無條件支持的理想。象徵繁榮、慷慨和穩定的**錢幣六**在位置10，即目前情況的可能結果，表明她確實會提供並獲得自己所重視的支持。

賽斯對這段關係的看法是**聖杯王牌**。他充滿了愛和喜悅，並在與瑞秋的關係中感受到無限潛力。

關係的基礎是**權杖八**：賽斯和瑞秋激發彼此的冒險感，鼓舞彼此進行富有生產力的活動和溝通。他們一起旅行，為彼此的創意計畫帶來啟發，而且可以輕鬆溝通。

寶劍五的衝突位於這對伴侶「已經建立的關係模式」的位置，說明瑞秋和賽斯已經學會如何爭吵。在他們建立關係的幾個月後，一次重大分歧讓他們有機會學習如何面對自己的恐懼和錯誤，希望能共同度過難關並讓關係更鞏固。

節制出現在位置5：伴侶雙方有意識的目標。賽斯和瑞秋都是藝術家。他們重視一起從事藝術創作，互相支持彼此從事藝術創作，並在他們的關係中培養和諧流動的藝術狀態。他們發現互相緩和了彼此的極端行為，並打算繼續這麼做，這同時也讓他們得以抵抗沉迷於對方的小癮頭和極端行為的誘惑。

逆位顯示這張牌卡的可能性是潛在的。賽斯和瑞秋曾討論要一起開創重要的計畫，但他們不確定合作的方式或主題。展望未來或許會有不錯的發展，因為位置9的牌卡代表他們之間必須解決的信任議題，而他們攜手合作的藝術計畫可能是探索這個問題並尋求解決方案的絕佳場域。

位置 7 的**世界牌**顯示賽斯認為這段關係為他帶來歡樂,因為這是他人生的高峰體驗。和瑞秋在一起讓他心滿意足。

瑞秋再度將自己視為騎士。這次**錢幣騎士**出現在位置 8。侍衛是新手、學生、年輕人或學徒,而騎士代表成長的下個階段。在這個階段,我們對自己前進的方向有強烈的想法,但也還有更多需要學習的地方。這張騎士牌中的錢幣強調瑞秋在伴侶關係中對於分享資源的理想主義或天真,以及對艱困和富足抱持著不切實際的想法。我們看到的是騎士而非侍衛,這表示瑞秋已不再是她樂於扮演的新手角色,但她知道在成為錢幣王后或錢幣國王之前,還有很多需要學習的地方。

如前所述,逆位的倒吊人在位置 9,即需要解決的議題,指向的是信任議題。賽斯和瑞秋經常談論捍衛彼此的重要性,因為他們是一對跨種族夫婦,面臨的挑戰會因互動的對象而有所不同。他們決定製作一件與關係中的信任問題相關的藝術作品。位置 10 中的錢幣六代表目前情況的可能結果,表示這麼做讓他們至少可以暫時解決與困境和分享資源相關的任何問題,進而實現繁榮、穩定和慷慨。

比較選擇牌陣

　　比較選擇牌陣非常適合用來做決定，因為除了每個選項的主要優缺點分析外，它還顯示我們考量的核心問題，為我們提供方法來衡量哪些利弊是最重要的。

位置 1	所有選項潛在的基本考量
位置 2	選項 A 的優點
位置 3	選項 A 的缺點
位置 4	選項 B 的優點
位置 5	選項 B 的缺點
位置 6	選項 C 的優點
位置 7	選項 C 的缺點

比較選擇牌陣範例解讀

　　扎克（Zak）目前是三十五歲上下，對於廣告插畫的現職感到不滿意。他是位才華橫溢的音樂家，在這個領域中已有相當成就，但他也遭遇過許多拒絕，因此他想知道自己是否能夠從事音樂事業。扎克認為自己的選擇包括：

　　A 創立自己的唱片公司並製作自己的音樂。

　　B 竭盡全力讓唱片公司看上。

　　C 找一份科技業工作，提供穩定的收入，讓他能夠將音樂作為業餘嗜好。

2　　　　3　　　　4　　　　5　　　　6　　　　7

位置 1	塔
位置 2	月亮（逆位）
位置 3	權杖四（逆位）
位置 4	寶劍二
位置 5	聖杯王后（逆位）
位置 6	聖杯騎士（逆位）
位置 7	戰車（逆位）

1

所有選項潛在的基本考量

塔牌在位置 1，即所有選項潛在的基本考量，這表示扎克必須擺脫目前不可行的狀況。無論扎克選擇哪個選項，他都必須堅決放棄目前的廣告插畫工作，才能擺脫目前不快樂和怨恨的心態。

選項 A：扎克創立自己的唱片公司

製作自己的音樂對扎克有什麼好處？逆位的**月亮**提供不尋常的好處：自我逃避。逆位的月亮，表示當事人仍卡在過去的情緒模式中。雖然對扎克來說，避免被其他唱片公司拒絕所產生的缺乏價值感可能是表面上的好處，但這並不符合塔牌要扎克徹底擺脫現狀的堅決主張。

逆位的**權杖四**也顯示非常類似的狀況：對扎克來說，在他自己的唱片公司取得的任何成就都不值得慶祝。在他的內心深處，他知道自行創業可讓他保持局外人的身分，並避免面對自己需要探索的拒絕和順從議題來幫助自己成長。

選項 B：扎克投入所有精力和資源，專注於讓唱片公司看上。

選項 B 的好處由**寶劍二**所代表。這張牌卡表示答案並不簡單，但這確實顯示可憑直覺獲得答案。選擇選項 B 將迫使扎克向內在探求，尋找多年來一直迴避的問題的答案。不確定這是否意味著事業成功，因為寶劍二表示不確定性。然而，它所引發的探索可能會成為扎克下一張專輯的強大靈感。

追求選項 B 的缺點由逆位的**聖杯王后**所代表。這將是令人情緒疲憊的經歷，扎克可能不得不與善於操縱的人打交道，甚至可能會覺得自己像是受害者。

選項 C：扎克追求不同的職業

逆位的聖杯騎士代表扎克透過與音樂無關的賺錢職業來資助音樂活動的好處。這張牌顯示扎克無法表達自己，和創意障礙與失望有關，也反映出扎克的老問題：害怕被拒絕。

當扎克看到這張牌時，他不確定為何這會是好處，他想知道在害怕被拒絕背後的無意識障礙，是否真的比他想像的更可怕，因而導致創意障礙的生活似乎反而成為一項好處。在缺點的位置，逆位的戰車牌又是一張令人失望的牌。

結論

B 看似是扎克的最佳選擇，但由於仍不是很吸引人，扎克決定專注於可以在短期內做出的改變，讓他可以改善前景並為未來創造更好的選擇。他決定再使用「凱爾特三角結成果管理」牌陣（見下一頁），以提升願景。

凱爾特三角結成果管理牌陣

當生活發展令人失去希望，或是剛解讀完的結果牌卡似乎令人沮喪，凱爾特三角結成果管理牌陣將顯示你可以用來改變方向的能量與特質。

你可能會發現在使用此牌陣時，不要解讀逆位更有幫助，也就是採用此牌陣中所有三張牌的正位含義。

位置 1　自我、個人無意識、愛
位置 2　集體無意識、責任、對整體的貢獻、榮譽
位置 3　直覺、較高的智慧、保護

凱爾特三角結成果管理牌陣範例解讀

我們在之前的牌陣中得知了扎克的選擇。在「比較選擇」牌陣後，再採用凱爾特三角結成果管理牌陣來敞開他的心房，協助他堅持追求新的選擇。

1

位置 1	錢幣八
位置 2	錢幣七
位置 3	錢幣九

2   3

這個牌陣中的所有牌卡都屬於錢幣牌組，強調的是事業和賺錢。連續三張錢幣牌顯示這個階段的努力將會導致下個階段的成果，而這一切的努力很可能最終會帶來極度富裕、舒適，也就是錢幣九的生活方式。

錢幣八出現在位置 1，代表自我、個人潛意識和愛。這肯定扎克是個非常勤奮的人，無論他選擇什麼樣的道路，都能夠埋頭苦幹，把工作做好。他擅長將計畫細分為較容易處理的任務，再好好完成。考量到這張牌的位置，扎克可將他在音樂生涯中的工作視為一種奉獻行為——對自己和聽眾來說。

代表集體無意識、責任、對整體的貢獻、榮譽的位置 2 為扎克獻上錢幣七：一張即將成功的牌。儘管目前結果可能看起來還不確定，但扎克已經在他的音樂上投入如此多的時間、精力和資源，只要堅持自己的藝術，他就會體驗到投資的回報，而且會大幅增長。扎克製作的音樂講述了歷史試圖抹去的人文故事，並為集體想像力提供滋養。扎克有責任以更大的集體目標為名義，繼續追求他的音樂事業。

位於位置 3：直覺、較高的智慧、保護的牌卡是錢幣九。這顯示扎克會以豐盛和平靜為指引。當扎克看到這張牌時，他感到自己為音樂和文化生活奮鬥的部分獲得了肯定，知道可以相信自己在錢幣七中看到的「即將到來的成功」。致力於追求美好的生活是明智的。

我可以創造自己的塔羅牌陣嗎？

　　當然可以！我經常根據客戶的特殊問題和狀況，當場創造牌陣。通常你可以在中央放置一張牌卡，作為為問題的整體答案，並為你可以預先確定的每個支持因素加上一張牌卡。

　　牌卡的位置可反映出這些牌卡對你而言的彼此相關性。例如，正如我們在過去／現在／未來牌陣（第 38 頁）和凱爾特十字牌陣（第 47 頁）中所見，時間順序通常以左（過去）到右（未來）的方式進行說明。請發揮創意去想像牌陣中彼此相關的因素。

　　整體而言，設計自己牌陣的可靠方式是利用自己熟悉的結構。由於我熟知小說的結構，所以我為小說家客戶提供了一個牌陣，其中我為英雄旅程（Hero's Journey）的每個情節轉折都放了一張牌卡。如果你是廚師，可能會考慮建立一個仿效特定食譜各階段或層次的牌陣（適用於生活的任何領域）。如果你是社運人士，可能會根據特定行動類型的各階段來建立牌陣。

　　無論你用什麼方法來理解和參與這個世界，都可以用牌卡作為該方法的表達或延伸。

常見牌陣與範例解讀

63

一起從塔羅牌中成長

我用這些牌卡來幫助客戶破除創意障礙、增加靈感，並更了解他們個人生活和創意工作背後的議題和價值觀。在我們的共同合作下，他們將內在的創意與在生活中採取的大小行動相結合；這有助於他們過上更真誠的生活，並能完成他們的計畫。我的方法通常主要是為了尊重挑戰和障礙，並將它們視為窗口，讓我們得以進入豐富且無限激勵人心的內在生活。我鼓勵你用這種方式為自己抽牌。

當我們尊重自己的經歷，而不是在它不符合期待時加以忽略，或強迫它改變樣貌，才能體驗到接納帶來的解脫，並從中獲得對未來的展望。當我們如實地表達內在真實的一面時，不論美醜、可控制或難以抑制、新鮮或熟悉，我們都開啟了可能的領域。

因此，我們可以選擇服從自己的恐懼和他人的標準，或是按照我們想像的現實過生活，也就是直覺引導我們去實現的願景。

我在本章中為你提供的方法是：對出現的牌卡進行簡單的冥想，看看會浮現什麼樣的感受、聯想和敘述。接著，我們將冥想中產生的體驗結合牌卡的定義。這種為內心體驗選擇元素的行為通常會提供洞察力和頓悟，然後可以透過藝術、對話或寫日記進一步探索和表達。

　　用這種方式了解自己的經歷，通常會闡明甚至改變自身典型的模式，進而激發生活的變化和成長。我認為持續與牌卡保持這種刺激成長的關係非常重要，我們可以向它尋求指引，了解如何將自身的見解整合到行動中，以進一步為我們自己和社群賦予力量。

　　本章的個別技巧構成了我用塔羅牌自我探索和成長的方法，可在幾天、幾週或幾個月內反覆使用。不論你要問塔羅牌的是哪種類型的問題，都適用這個方法。你的問題可能和你的職業、家庭、健康、戀愛關係、靈性或任何其他生活領域有關。生活的各領域基本上都息息相關。例如，當我們以為自己正在處理感情議題時，會發現自己也會感受到這個問題帶來的影響，以及我們在職業生活中的成長。如果我們要獲得深刻的建議並真正從塔羅牌實踐中成長，必須從深入的層面反思，因為我們生活的各領域和自己的所有面向都密切相關。

連結我們的直覺

當我們使用塔羅牌來幫助自己成長並獲得個人力量時，首先要連結自己的直覺。牌卡要如何從有助益的角度為我們提示內在生活？

內在體驗與直覺的啟發練習

用牌卡闡明內心體驗的元素，並促使你對內在生活深思探究。我們如何啟動這內在的視角？可坐下來思考發生的事。敞開心房，擁抱它。這讓我們了解自己的實際狀況，並讓我們連結直覺。第一步是留意和闡明我們的體驗，並連結直覺。在這第一步中，我們並不是要改變體驗或我們自己，只是接受目前的現實狀況。

單牌冥想

前往一個安靜且你知道不會受到打擾的場所。依照第 2 章的說明為你的牌卡做好準備，然後抽一張牌，花點時間理解牌卡的圖像。

留意圖形、符號、背景、基調、顏色、牌卡名稱和牌卡數字。如果有任何記憶中的牌卡意義浮現腦海，請允許它們出現，儘管認識牌卡的官方意義絕非必要。

留意看第一眼時什麼最突出，再看一眼時，又是什麼最突出。

持續融入牌卡或與牌卡連結。在《塔羅解牌大師 21 祕技》（Mary K. Greer's In 21 Ways to Read a Tarot Card）中，瑪莉·格瑞爾建議站在牌中人物的位置，閉上眼睛，探索自己的感受。你也可以用舒適的冥想姿勢坐著或站著，閉上眼睛，想像眼前的牌卡。如果願意，你可以想像自己進入牌卡並成為人物之一，或與人物、物品或牌卡的環境互動。你也可以嘗試張開眼睛進行步行冥想，用想像力探索牌卡中描繪的環境。

無論你選擇用想像還是進入牌卡的方式，都請給自己時間來熟悉牌卡，以及它在你心中喚起的聯想。這張牌卡喚起了哪些記憶、情感、圖像、故事、問題，或是帶來呼吸、心跳或體溫的變化？如果當下沒有發生任何事，可簡單向自己描述這張牌卡，或是問自己關於這張牌卡的問題，例如：「這張牌卡中發生了什麼事？描繪的是哪個季節？這個人物可能是誰？」

正如占卜師艾莉亞·柯蒂斯（Alia Curtis）告訴我並在她的工作坊中所說的：「很多人都想立刻連結直覺，但最先浮現的往往是腦袋的想法，然後才是直覺。」

換句話說，不要強迫自己，而是給自己時間去探索這張牌卡、你的個人聯想以及直覺，探索這張牌卡如何與個人經歷相連結。

最後，為你抽出的牌卡拍照，或以其他方式記下牌卡，以便之後再回顧這張牌卡，以獲得進一步的指引。

牌陣冥想

使用第 3 章的牌陣，或者自行發明。

讓你的視線在牌卡上游移，感覺看看牌卡之間有什麼關係在運作。牌卡之間的動態是否帶給人緊張感？覺得很吃力？感覺受支持？還是急迫？從容？牌卡人物的相對年齡大小？他們是面對還是背對對方？牌卡的相似之處和不同之處是什麼？

思考這些元素的關係，那會引發哪些個人聯想？

拍下牌陣的照片，或以其他方式記下牌卡及其位置，以便之後再回顧這個牌陣，獲得進一步的指引。

直覺與意識的整合

你可能已經注意到，在我建議連結自己的直覺時，我並沒有提到官方的牌卡意義。這是因為在許多方面，圖像可以獨立存在。即使沒有文字，圖像仍具有意識和潛意識的意義，但不帶有伴隨文字和意識思想的心理結構和情感期望。像這樣不受意識思想的限制，可幫助我們與直覺建立初步連結。

然而，如今來到這個過程的這個階段，是時候將你的冥想和聯想體驗帶入有意識的覺察了。這表示先使用牌卡的視角，並以概念的形式來表達你的內在體驗，這有助說明你的內在體驗並激發深刻思考，接著可進一步探索這個洞見，並整合至有意識的覺察中。

用塔羅牌卡的定義尋求洞見

注意你的聯想和直覺訊息如何對應到牌義。回想或閱讀牌義，看看牌義的哪些部分描述了你在冥想時的體驗。說出你的體驗有什麼感覺？這對你的表達有什麼幫助？這激發了什麼樣的洞見？讓這些原型、符號、想法、特質和主題，幫助你用文字來表達自己用直覺感受到的內容。你

可以記在心裡或寫在日記裡。

當我們在表達個人體驗時，我們就是在為難以言喻的事物賦予形象。我們透過冥想連結了廣闊而複雜的體驗，如今以更明確的概念呈現。要自在地將我們的體驗與牌卡的意義相連需要練習，但當我們這麼做時，我們會將潛意識和直覺帶入意識中。簡言之，我們將意識和潛意識心靈相連結。這種原型與個人經歷的結合，讓我們在生活中迸發洞見和自由。我們進入某種順流狀態，生活中的一切似乎都更有趣、更具意義，也帶來更多動力。

透過創意表達來探索並整合洞見

先前的練習可激發初步的洞見。在留意塔羅牌含義與你的體驗之間的連結後，可透過任何的創意表達形式進一步探索和整合由此產生的洞見。以這種方式探索和發展你初步的想法，將有助將想法融入看待情況的意識方法中。當我們想要提升自我意識，並在生活中做出正向的改變時，重要的是將牌卡激發的想法融入我們的意識和日常行動中。

以下是一些可能的起點：

- 使用塔羅牌中一個或多個符號或含義來創作故事、詩歌、歌曲、編舞或視覺藝術作品。
- 用你自己的詮釋、符號或風格重畫一張牌。
- 寫下塔羅牌指出你經歷的某個面向。你想尊重這個面向嗎？或是時候擺脫這種習慣、信念、問題或關係動態了？打造一個儀式來表達這個面向，並予以尊重或釋放。
- 寫下牌卡中任意三個人物、物品和／或背景之間的對話。

無論你選擇哪種形式，請運用自己的見解、你向塔羅牌詢問狀況的細節或塔羅牌本身來激發創意表達。這部分的過程令人興奮，但並不總是那麼容易。請準備好在恐懼和僵局中堅持下去。在我們塑造意義時，我們就進入了未知世界。

儘管直覺會引導我們——練習得越多，直覺就越能提供指引——但我們仍處於透過不斷摸索來學習的階段。可將這想成是直覺引導我們穿過黑暗，引導我們找到必須碰撞的事物，才能了解它們的輪廓、它們彼此的相對位置，以及它們與我

們餘生之間的動態關係。表達也是將聯想領域獲得的洞見整合至意識的重要部分。

如果這當中有任何練習使你偏離了最初的想法或計畫，請不要擔心。當我們跟隨直覺時，就會發生這種情況。

整合洞見與行動

成長只會發生在表達真理的過程中。透過表達我們的體驗，無論是透過藝術、談話、寫日記，還是任何其他的創意表達形式，我們可釋放舊有的恐懼和信念，並探索全新的體驗。我們的言行舉止會略有變化，發現自己更開放、平靜、勇於冒險，而且能夠去愛。當我們敞開心扉時，生活中的變化就會開始迅速發生。

回到你最初使用的牌卡或牌陣。在經歷了表達的動力後，是時候將這種能量帶入謹慎的行動、成長，並為自己賦予力量。

花點時間對牌卡進行冥想，看看現在你對牌卡和自身生活的這個面向有什麼看法。感受這張牌與你一直在探索的生活面向之間形成的連結，回想自從第一次抽到這張牌以來，你的內在發生了哪些變化。

反思你對牌卡描繪動態的直覺感受，以及你在其中的角色。牌卡告訴你的適當回應、行動或要採取的下一步是什麼？牌

卡帶來的啟發，以及它們對於陰影面的警示（參見第 41 頁），是否建議你應該：

- 堅持目前的道路？
- 改變方向？
- 與他人合作？
- 擔任領導角色？
- 要求你所需的東西？
- 定義你的界限？
- 談和？
- 冒險？
- 保留你的精力？
- 等到情況變得更明朗時再做決定？
- 對自己或他人表示同情？

你的恐懼和習慣可能對自己「應該」採取的行動方案有一些強烈的看法，但你的直覺告訴你該怎麼做？

正面特質

　　每張牌卡都有正面特質。無論你是否一直在處理牌卡的陰影面或極端的特質，現在請致力於它的正面特質。即使你抽到的是寶劍十，它顯示的是一具被十把寶劍刺傷的流血屍體，你也可以聚焦在「排毒」和「釋放」的隱喻上。如果你抽到了一張衝突牌，比如寶劍五，可考慮一下如何採取有同理心的行動來改變局面。

　　列出你可以在生活中的特定情況和關係中體現牌卡正向特質的方法，選擇一至兩種方法執行到底。如果你需要額外的勇氣，請再抽出另一張牌卡來顯示支持你實現這個目標的生活元素；或是你也可以針對可能阻礙你的事物，或是讓你無法專注在手邊事項的事物抽一張牌。

尋求指引

　　透過冥想（參見第66頁的單牌冥想），想像自己融入牌卡或牌陣。向其中的角色詢問相關行動的指引，讓他們想送給你的話或禮物直覺地來到你身邊。記下你收到的忠告或禮物。如果牌卡中的人物並不代表你（或你自己的某個面向），而是生活中的某人（宮廷牌尤其如此），可問問自己的直覺，了解與那個人互動的最佳方式。考量到你已經探索過的特質，可再抽出另一張牌卡來提醒你可以為這種情況或關係帶來的有用特質。

PART 2

牌卡說明

大阿爾克那

在這一章,我們要更詳盡探討大阿爾克那牌卡。牌卡 1 到 21 構成了愚人之旅,愚人就是我們每個人內心深處的追尋冒險者,以這二十一個原型角色和經歷為代表,透過生活的重大體驗以吸收知識和成長,並實現自由、快樂和愛的典範。

　　每張大阿爾克那牌的說明都包括對牌卡正逆位的解釋、圖像的象徵意義等資訊,及其相關元素、占星學上的星座 / 行星關聯和生命靈數上的意義。

我選擇使用中性代名詞「他們」來描述大阿爾克那和之後的小阿爾克那中的大多數人物。大多數小阿爾克那牌描繪的是男性，儘管理論上他們適用於任何性別的人。在我看來，宮廷牌和大阿爾克那牌的男性和女性形象都過度強調性別。在為客戶占卜的過程中，我發現，宮廷牌和大阿爾克那牌中性別明顯的牌卡（包括男性和女性）儘管可用來代表任何性別的人物，但往往會妨礙問卜者與跨性別的牌卡連結。我使用中性代名詞的目的是助你跨越這個障礙，讓你可迅速融入牌卡，無論牌卡描繪的是什麼樣的性別或人物。

別名 小丑

關鍵詞 放手一搏、純真、冒險

元素 風

占星學 天王星

生命靈數 0

愚人是我們的冒險精神，是我們的內在小孩，興高采烈且衝動地出發去看這世界，並從中獲得經驗。大阿爾克那之路被稱為愚人之旅，每張牌卡代表愚人經歷的一個人生課題或階段。

愚人以輕便的行囊踏上旅程，將所有物品都裝在一個小包包裡。愚人很難受到約束，他們是難以理解的，而且無止境地嬉戲。就在我們自以為知道某事或達成某種成就時，愚人就像小丑般剝去了偽裝和可靠的答案。

抽到愚人牌代表冒險和放手一搏。這張牌中的狗象徵著本能和自我保護，以及被愚人忽視的社會習俗。狗試圖警告愚人跳下懸崖的危險，但愚人沒有理會小狗，因為我們必須接受危險才能進入這個世界。

在懸崖邊緣懷抱著夢想，只相信最好的可能性，而且充滿希望、理想主義的愚人在提醒我們：追逐夢想永遠不會太晚。如果你抽到愚人牌，請好好享受你的玩樂感和樂觀主義。在做出任何過於魯莽的事之前請拉住自己，但記住，拘泥於常規有時是一個人所能做出最傻且最愚蠢的事。

逆位

逆位的愚人牌代表你過於衝動，或是

不夠衝動。如果你一直過度熱衷於冒險，那麼是時候在有人受傷之前停下來了。另一方面，如果你有一段時間沒有出去跳舞或開懷大笑，那就做點好玩的事。

象徵意義

懸崖｜放手一搏
狗｜本能、自我保護、社會習俗
白玫瑰｜純真
山｜要克服的挑戰和要取得的成就
太陽｜有意識的覺察、光、活力和來自更高力量的指引

神祕意義

　　數字 0 的意義指向無限的潛力。愚人尚未成為有身分或角色的人，相反地，是將傲慢和對規則的堅持減少到零。

　　愚人牌屬於風元素。愚人步履輕盈、無憂無慮、充滿理想主義，有時心不在焉。他們的冒險精神驅使他們攀登高處，登上高山並進入大氣層。

　　在占星學中，愚人牌與天王星有關，天王星是代表個體、獨創性和打破傳統的行星。天王星帶有雌雄同體的能量，就像愚人一樣。

── 提問 ──

為何伴侶關係讓我厭倦？

在回答關於內心的問題時，愚人指向我們的內在小孩。培養創意、冒險精神和樂趣，對生活各領域的健康至關重要。你目前的關係在哪些方面忽略或壓抑了內在小孩的聲音？有什麼需要改變？一旦釐清了這些議題，你將更懂得如何陳述自己的需求，並找到可以更新關係的解決方案。

支持和對立的牌卡

　　愚人是代表無止境開端的牌。如果在解讀時同時出現一張以上小阿爾克那的王牌卡，則是強調新開始的訊息。

　　教皇和愚人總是會發生衝突。他們是分別代表傳統和不敬的原型。在解讀時若同時出現這兩張牌，代表在一個人的生活中同時存有這兩種力量之間的衝突。

THE MAGICIAN.

別名 變戲法者

關鍵詞 創造力、表現、能力

元素 第五元素

占星學 水星

生命靈數 1

魔術師可讓事情成真。魔術師總是能找到將計畫化為現實的方法,他們能夠想像自己希望實現的目標,而且確信自己能夠實現。這為他們帶來全方位的視角,可以注意到別人忽略或認為自己不值得追求的機會和資源。

魔術師很樂觀,願意採用非傳統的方法來實現願景;他們更關心將想法付諸行動,而不是過程中別人對他們的看法。如果你為自己抽到魔術師,你就是富有創意、靈活和適應性強的人。你有很強的專注力和意志力來實現計畫和目標。

逆位

逆位的魔術師代表力量被隱藏起來,或是用於不誠實的地方。請提防可能會迷住你以利用你的人。確保你只完成光明磊落的計畫,而且你實現目標的方式符合計畫預期的誠信。

又或是如果你感到受困和無能為力,請專注於想要實現的願景。你可能會因為只考慮傳統路線而卡住。你可以使用哪些替代路線或資源?靠自己努力去實現目標,而不是因為別人沒有為你提供行動方案而讓自己卡住。一時的困惑是值得的。

象徵意義

無限符號（∞）｜無限
垂直的指揮棒｜物質、意識和神聖的相互連結；「如其在上，如其在下」
錢幣、寶劍、聖杯、權杖｜四種元素、小阿爾克那的四種花色、魔術師可用的資源範圍和勢力範圍
黃色｜意識和表現
銜尾蛇（吞尾蛇）｜整體，無限
玫瑰｜熱情、美麗、創意
百合｜純潔、誠信

神祕意義

數字 1 在生命靈數上的意義是團結和力量。魔術師擁有令人難以置信的顯化和創造力量，這主要是因為魔術師並不認為自己與宇宙的其他部分是分開的。他們會利用所有可用的資源和靈感來將計畫付諸實行。

魔術師的元素實際上是乙太或第五元素，即讓四種自然元素充滿生命的神靈在煉金術上的含義。

魔術師在占星學上對應到水星。如同魔術師，水星是幫助日常物流、交通、技術和通訊順利進行的行星。

提問

我正在考慮換工作。什麼事物將會指引我進行這樣的轉換？

抽到魔術師表示你確實有新的開始。你即將迎來全新且正向的多個工作機會。請自信地從中做出選擇，別讓任何人或自我懷疑限制了你的願景。不論是新的工作還是對社會的貢獻，魔術師都強烈建議你對自己的願景抱持信心。在權衡工作、實習或教育機會時，可考量這些機會如何為你提供最好的支持來實現你的願景，而不是依據這些選項的聲望或人氣。適合你的可能是很獨特的道路。

支持和對立的牌卡

戰車牌和魔術師一樣帶有專注的特質，而且目標明確。王牌卡強化了魔術師牌關於機會和開始的意義。

惡魔牌則與魔術師牌相反，會限制我們的視野並縮小可能性。如果碰上如寶劍二等在小阿爾克那牌中代表阻礙或暫停的牌卡，會抑制魔術師的活力，但程度不如惡魔牌。

THE HIGH PRIESTESS.

別名 女教皇

關鍵詞 內在知識、直覺、二
元性

元素 水

占星學 月亮

生命靈數 2

女祭司坐在帷幕前,而帷幕將可見世界與不可見的感覺與靈性領域分開。他們是帷幕之外的未知知識守門人。他們安靜且憑直覺地感知誰可以帶領他們脫離日常現實,進入更深層的靈性體驗。

抽到女祭司代表你或你生命中的重要人物具有深刻的直覺,甚至有通靈能力。女祭司是靈性導師(無論這是否為他們的頭銜),他們為那些願意睜開眼睛的人提供超越今生幻象的深刻智慧。

眼前有未解之謎。有隱藏的面向。你必須向內探索才能解決這個問題。接著如同希臘神話中的冥后波瑟芬妮重返人間一樣,你必須打造一座橋梁來連結內在與外在的生活,這樣你才能以更真實不虛的真理過著真實而完整的生活。

由於女祭司的別名女教皇並非天主教中的實際職位,因此這張牌暗示了不符合主流或父權宗教結構的宗教人物。這張牌卡重視私人、個人,而且可能祕密或隱藏的靈性認知方法。

逆位

逆位的女祭司暗示祕密或保密。你可能為了欺騙某人而保守祕密,或是某人對你有所隱瞞。你可能正忽視或否認自己的靈性。你的直覺和預感能力尚待開發,而

你正在漠視它們，請讓它們浮上檯面。

象徵意義

新月、淡藍色長袍｜直覺

皇冠｜盈月、虧月和滿月；少女、母親和老婦；愛西斯（Isis）：智慧女神、魔法女神和靈魂恢復者

柱子｜所羅門聖殿；B 和 J 代表柱子的名字「Boaz」和「Jachin」，合起來的意思是「他應建立內在的力量」。

藍色｜意識清明

TORA｜Torah（律法）

長袍上的石榴籽｜一半時間生活在地上，一半時間生活在地下的冥后波瑟芬妮。

神祕意義

在生命靈數中，數字 2 具有二元性和平衡的含義。女祭司在自己的內在與外在生活之間創造平衡。儘管數字 2 代表夥伴關係，但女祭司強調的是我們與自己以及我們與神的關係。女祭司很重視隱私和獨處。2 也代表選擇。女祭司堅信我們在做決定時要相信自己的直覺。

女祭司與月亮和水元素有關。月亮將我們與潛意識、直覺和情感相連。它讓我們能夠適應內心的波動、問題和轉變。我們的內在知曉是流動且瞬息萬變的。就像

提問

此時對我的感情生活來說，有哪些我該知道的重要事項？

當你抽到女祭司牌來回答關係問題時，牌卡要告訴你：專注於與自己和靈性的連結。為此，你需要一定程度的獨處。未必要進行極端的獨處或分離，但女祭司確實堅信，現在你應優先滋養自己的內在世界而非當下的感情生活。

水一樣，我們的直覺可以隨處流動，以它需要的任何形式出現，在變化中輕鬆轉變和適應。女祭司的這些面向提醒我們要相信自己的內在知曉，尤其是出現在想法之前或顛覆理性的內在知曉。

支持和對立的牌卡

寶劍二可支持女祭司內在的專注、直覺與耐心。月亮牌是另一張和直覺有關的牌卡，儘管月亮牌的重點是本能，而女祭司則強調平靜的內在知曉。

完全代表外在行動和理性思考的牌卡，如寶劍騎士，則與女祭司形成對立。

別名 **母親**

關鍵詞 **美麗、母性、創造力**

元素 **土**

占星學 **金星**

生命靈數 **3**

皇后牌是具體化的創意狀態。她、他或他們是母親,擁有無窮無盡的創造力,全神貫注於愛和創造力的感性之中。靈感無止境,皇后在許多生活領域都超越了一般界限。身為懷有思想或孩子的母親,他們用愛創造。他們培養自己的孩子、人際關係、想法和計畫,並幫助他們生活中的所有人成長。

如果你為自己抽到這張牌,就會珍惜自己的情緒,並將這作為了解世界和與自己連結的方式。你與身體有所連結,盡情享受感官和美學的樂趣。皇后的美感體現在他們標有金星符號的舒適寶座上。

當皇后變得誇張或失衡時,他們會關心他人而忽略自己,對孩子過度保護或過度溺愛,或是利用母親的角色來定義自己的身分或操縱他人。

逆位

逆位的皇后則顯示成為母親的困難。這可能表現為不孕、被迫成為母親、處理令人窒息的母親定義,或期望受到養育,或是你與母親或具母親形象的人關係出現困難。

逆位的皇后牌也暗示你與身體和愉悅感之間存有負面關係。逆位的皇后牌表示

你可能會感到不夠豐盛，並在創意障礙中掙扎，而這些障礙是因為你否認自己與美、快樂、藝術和內在小孩之間的關係所導致。請花點時間解決這個問題。

象徵意義

繁星皇冠｜創造力、母性、團結

月桂花環｜成功、力量

長袍上的石榴籽｜生育力，重生；一半時間生活在地上，一半時間生活在地下的冥界王后波瑟芬妮。

金星的符號｜女性氣質、美麗、愛情

小麥｜生育力和豐盛

權杖｜統治權

瀑布｜流動性

森林｜無意識

地球權杖｜統治權、世俗領域、與伴侶共同創造的能力

神祕意義

在生命靈數中，3 是綜合和創造力的數字：結合兩種事物以創造出第三種事物，例如父母兩人孕育一個小孩，或是兩種事物的對比創造出隱喻的第三元素。這三部分關係的動態平衡都和皇后牌有關。

這個原型由土元素體現。皇后牌象徵

提問

我剛成立了一個鄰近的社群團體，我如何才能為這些團體提供最好的服務？

在回答這個問題時抽到皇后牌，這肯定了你在促進人與人之間的聯繫、領導他人、鼓勵團隊的願景和成長，以及將你與生俱來的美感、創造力、豐盛和喜悅感帶給團體等方面的天賦。你的社群需要並重視這些特質。請持續成為優秀的領導者，便能為團隊提供最好的服務。

母親，幫助我們接地。她支持我們，並幫助我們了解自己的根源。

金星是象徵美麗與愛情的行星，與皇后有關。皇后透過美麗的事物和人際關係尋找、創造並提供基礎。

支持和對立的牌卡

如錢幣十等象徵豐盛的牌卡，可強調皇后牌無限的創造力、生育力和豐盛。慷慨、慈愛的女皇與吝嗇、憂慮的錢幣四有所衝突。然而，如皇帝牌等象徵成熟、紀律和穩定的牌卡，和象徵流動性的皇后牌形成互補。

THE EMPEROR.

別名 祖父

關鍵詞 可靠、父親身分、責任

元素 火

占星學 牡羊座

生命靈數 4

皇帝是你最可靠的家庭成員、朋友或社群領袖。他們是你可以永遠信賴的人，他們會承擔責任，將事情做好，他們會遵守諾言。在皇帝牌的伴侶牌皇后充滿創意想法並孕育可能性時，皇帝則在思考哪些想法最可行且有效，並付諸實行。

皇帝擅長計畫、分配工作、組織和執行計畫。皇后幫助我們體驗永恆並培養愛與美，而皇帝則幫助我們按嚴格的時間表行事並產生有限的成果。

這張牌卡中描繪的乾旱峽谷只有一條小河從中流過，表示過度強調秩序和結構本身會讓我們被榨乾。在最糟的情況下，皇帝是具有破壞性、渴望權力的專制領導人。然而，當我們要完成某項有意義的計畫，並為共同利益而努力時，皇帝會為我們帶來紀律和必要的資金以成就偉大的事，並為許多人提供支持。

如果你為自己抽到皇帝牌，你就處於權威或責任的位置。透過自律和理性，你正在實現會影響許多人的遠大目標。重要的決定、最終的決定和最後一刻的決定都落在你身上。抽到皇帝牌也可能代表你正在解決與權威、制度和權力有關的問題。

逆位

當皇帝牌逆位時,顯示在你身上或情況中潛藏著這張牌的正位特質,是時候變得更自信、果斷,並留意自己的行程、資訊和生產力了。逆位的皇帝牌也可能代表政變、革命或推翻領導層。這可能是個慶祝活動,也可能感覺像是破壞,或代表生活中的破壞力量。

象徵意義

安卡權杖｜權威、生命
盔甲和酒紅色長袍｜戰士之王
金球｜地球、統治、領土
公羊｜牡羊座、精力充沛、好勝
乾旱峽谷｜惡劣的條件、嚴酷的規則

神祕意義

數字 4 在生命靈數上的意義是物質成就、結構和秩序。正如皇帝寶座上的公羊頭上所示,這個原型與牡羊座有關——積極、理性、雄心勃勃的實踐者。皇帝牌與火元素有關,充滿超凡魅力與活力。這種活躍且外向的能量可以推動雄心壯志,從而支持大型計畫和生產,或是這種火也可能會造成破壞。

提問

在我領導的方法中,我需要注意什麼?

當你詢問牌卡關於自己的責任、權威或領導技能並獲得皇帝牌時,這表示牌卡鼓勵你研究需要更多結構或問責的領域。辨別你可以和應該提供什麼樣的結構,以及在哪些領域、方式或情況下,你應該讓你的孩子、學生、員工或團隊成員有更多空間,保留給發現、探索、放鬆、玩耍、創意、情緒健康、人際關係成長,以及無條件的愛。也要反思自己與權威的關係,可能會一直追溯到你與父親或具父母形象的男性等人際關係。

支持和對立的牌卡

正義牌強化了皇帝牌的理性和邏輯等價值觀。教皇牌與皇帝牌一樣強調結構。

儘管皇后被視為是對立牌,但皇后具有的創造力和新生命等相反的特質,與皇帝的穩重和紀律形成互補。當這兩張牌一起出現時,往往代表一對有影響力的伴侶。

THE HIEROPHANT.

別名 教宗、教師、土星

關鍵詞 教育、知識、宗教、遵從

元素 土

占星學 金牛座

生命靈數 5

教皇詮釋、保護並傳授神聖奧祕。腳下的鑰匙代表他們持有開啟智慧、靈性真相或天國的鑰匙。傳統、靈性和知識機構，或為保存、發展和分享知識而成立的任何組織或團體，已對這些鑰匙守護的知識進行編纂。

在萊德偉特史密斯牌組中，教皇被描繪成教宗，但也可以是任何仁慈、富有同情心的靈性或知識領袖。在古希臘，教皇可以是任何引領他人進入神聖領域的人。如果你為自己抽到教皇牌，那你就是為他人提供道德指引的人。你的智慧、傳統和知識讓你成為天地之間的橋樑，提醒你生命中的每個人要保持神性與世俗世界的合一，我們的靈魂與身體的合一。

作為靈性和物質世界之間的連結，教皇提供祝福和聖禮，例如婚姻和臨終祈禱，而且通常會為他們的學生和追隨者傳達神聖指引。

逆位

逆位的教皇牌可能展現出批評、領導不力、糟糕的建議，以及被自負的權威人物誤導。另一方面，逆位的教皇牌也可能代表自由奔放的有遠見者，允許你開闢自己的道路。

象徵意義

紅袍｜地球，以及物質世界中的能量與行動

金色權杖｜天堂、三個十字架（三位一體）

三層皇冠｜三位一體

手勢｜祝福

紅玫瑰｜愛

白百合｜純潔

柱子｜法律與自由

神祕意義

在生命靈數中，數字 5 代表療癒，以及靈性與人類之間的聯繫。教皇與希臘神話中的半人馬凱龍有關，而凱龍被稱為受傷的治療師。

教皇與土象星座的金牛座有關，為我們提供靈性基礎。正如金牛座提倡和諧但在方法上可能固執己見一樣，教皇也堅信遵守傳統是通往和諧的入場券。

支持和對立的牌卡

如果皇帝牌和教皇牌都同時出現在解讀中，那麼「結構」就會是重要的議題或主題。搭配權杖四的教皇牌代表婚姻，或已完成一段時間的靈性或教育訓練。

提問

我正處於重要的十字路口，需要注意什麼才能採取下一步行動？

在回答時抽到教皇牌，建議可前往學術、宗教、專業導師或教學機構尋求成長、發展和答案。與其仰賴推測或單純的直覺，不如了解事實和學習技能並熟悉傳統。留意你與順從的關係，但整體而言，可尋求靈性傳統或學術機構提供指導。眼前有條傳統的道路，將帶你抵達要去的地方。

倒吊人和愚人都是自由靈魂，經常顯示與教皇象徵的制度之間的衝突。

別名 愛情、婚姻

關鍵詞 連結、滿足、愛、
選擇

元素 風

占星學 雙子座

生命靈數 6

戀人牌代表關係與愛情發生重大改變的時期。不侷限於肉體愛或浪漫愛，這張牌包含透過思想、靈性或人際之愛與更大意識融合的體驗。

為了達到如此意義的高度和愛的深度，我們必須選擇要投入或奉獻的地方——否則我們會被困在表面，精力分散於各種選擇，而且感到猶豫不決並缺乏成就感。

如果你抽到戀人牌，你知道自己已經做出承諾或即將做出承諾，才能達到更深層次的體驗。你承諾和渴求的對象可以是個人、工作或社群中的角色，也可以是藝術或思想計畫。無論你承諾的對象是誰，你的融入將帶你進入更高意識，並帶來與眾生產生靈性連結的感受。

逆位

逆位的戀人牌代表伴侶關係或創意、道德或知識上的熱情沒有得到尊重。你或你的伴侶受到其他影響的誘惑。正位的戀人牌顯示為了尊重深刻的愛而做決定的重要性，而逆位的戀人牌則代表不確定、困惑、不尊重或背叛。無論這對你來說意味著什麼，都務必要透過行動和意圖來尊重愛的精神，而不能只流於表面。現在是深

呼吸，並超越過去的環境或誘惑而成長的
時刻。

象徵意義

亞當和夏娃｜最早的伴侶關係
大天使拉斐爾｜較高意識、療癒、愛
山｜透過愛可以實現的願望
太陽｜喜悅

神祕意義

在生命靈數中，6是象徵和諧、融合
和順從的數字。戀人代表與另一個人、事
業、想法或信仰之間形成親密的和諧和融
合關係。這樣的經歷令我們謙卑，我們變
得「順從」，在某種意義上，我們不再隨
心所欲地公開接受愛的贈禮。

戀人牌與風元素有關。愛（無論是對
人、事業目標、計畫，還是其他）讓我們
獲得更高的集體意識。這就是風元素的特
質：提升和超越。

在占星學中，戀人牌與雙子座有關，
兩人構成一體並體現二元性。雙子座向我
們展示一體性的多面向，即使多了差異
性，還是有和睦和愛的可能。此外，選擇
和決定往往是雙子座關注的問題，個人必
須基於雙方的利益而做出決定，就像在一

提問

**我覺得好像需要請假一天不上班。
如果我這麼做可能會有什麼後果？**

如果你在詢問自己考慮的某個選項的
後果時獲得戀人牌，你可以期望選擇
該選項會帶來關係、靈感和愛的感
受。它也可能暗示：該選項最終會為
你提供更多選項和可能的誘惑供你選
擇。在這種情況下，休息一天不上班
可能會帶來令人滿足的一天──只要
留意別讓你們的關係受到誘惑！

般人際關係和伴侶關係中，我們實際上必
須考量整體的最大利益才能做出決定。

支持和對立的牌卡

結合戀人牌的教皇傳達了支持婚姻和
承諾的訊息。搭配聖杯二的戀人牌為關
係、愛和彼此的滿足提供支持。

隱士牌象徵的獨處可緩和戀人牌反映
的束縛感。

團結一致是戰車牌的主題。這張牌的符號來自大阿爾克那的前幾張牌。戰車上的翅膀象徵著戀人的熱情和更高的目標，駕車者的權杖讓我們想起魔術師的力量，繁星點點的皇冠和天幕喚起皇后的創造力，石製戰車仿效明察果斷的皇帝寶座，而新月形肩甲則反映了女祭司和她的直覺。

如果你為自己抽到戰車牌，你會沉著冷靜地安排生活，讓一切元素都能順暢運作，並平衡生活中對立的部分，為自己帶來動力。儘管最近可能瀕臨極限，但事物如今正在逐漸成形。這張牌卡上的深色和淺色獅身人面像代表對立面，以及你能夠加以調和、發揮團隊合作精神的方式。一時激增的興奮感可為你的生活帶來動力。

逆位

戰車牌快速且定向的動力在逆位時可能受阻或失控。成癮、放縱或自負取代了靈性，這條道路變得令人充滿失望。儘管戰車牌的正位特質目前還隱而未見，但現在有可能展現出來。尋求幫助，讓自己走上健康且具有創造力的道路，相信自己可以掌控自己的生活。

別名 勝利、凱旋車

關鍵詞 動力、突破、旅行

元素 水

占星學 巨蟹座

生命靈數 7

象徵意義

深色和淺色的獅身人面像｜「對立面」的調和、拉扯、平衡；他們的位置反映了教皇牌中的對稱性，暗示有意義的結構。

權杖｜魔術師、表現

新月｜女祭司、直覺

星星｜皇后、創意、美麗

有如寶座的石製戰車｜皇帝、分析思維和領導力

翅膀｜戀人、愛情、道德選擇和較高意識

月桂花環｜勝利、力量

神祕意義

　　數字 7 的在生命靈數上的意義是靈性和考驗。

　　戰車的動力既直覺且沒有經過充分考量：你完全受到靈性目標所驅使，巧妙地應對一路上突如其來的考驗和挑戰。你此時的靈性動力實際上可能來自於自己所忍受的考驗。

　　戰車牌屬於水元素，重點就在於流動。有時它會帶來猶如水壩潰堤般的感受，被壓抑的能量最終獲得釋放，並被引導到更令人興奮、具冒險性和創造性的用途中。當你抽到戰車，你的生活就像一條

提問

我在尋找新家時應該注意什麼？

如果你在回答關於安頓下來的問題時獲得戰車牌，你可能希望暫緩做出果斷的決定。這可能是你旅行、突破和行動的時刻，所以關於安定下來的考量最好留待以後再考慮。但如果你確信現在是尋找房子的時刻，請確保你的房子就像戰車中的獅身人面像之一，可平衡你生活中的對立元素。請尋找一個平靜、穩定的家，為你生活中的冒險提供支持。你的家應位於不會妨礙你進入外界生活的地點。

湍急的河流。

　　在占星學上，戰車與巨蟹座有關。如同他們象徵的螃蟹，巨蟹座的內心很敏感，用堅硬的外殼保護自己。戰車的外殼是他們的理性，而他們大部分的內在體驗是屬於情感、直覺和靈性的。

支持和對立的牌卡

　　搭配如寶劍王牌和世界牌等象徵成功的牌，強調了戰車牌的勝利。

　　包括寶劍二、聖杯四和倒吊人等代表暫停的牌卡，與戰車形成對立。

別名 慾望、堅韌

關鍵詞 同情心、毅力、力量

元素 火

占星學 獅子座

生命靈數 8

力量牌描繪了一名年輕女子用同情心馴服了一頭獅子。透過仁慈和溫柔地對待獅子，獅子明白牠是安全且被愛的。牠的攻擊性消失了，當女子將手放在牠嘴邊時，牠沒有咬人。力量牌代表我們以仁慈和愛取得偉大成就、贏得尊重和權力的任何情況。

力量牌代表非常強大的願景，其他人可以輕易地理解其中的目的並願意加入。女子的願景是和諧，她邀請獅子加入自己的願景。如果你抽到了力量牌，你的願景可能和企業、家庭、社群方案或任何創意計畫有關。這張牌向你保證願景是可以實現的，而且值得為此付出努力。這將對許多人的生活產生深遠的影響。

無限符號，即盤旋在女子頭頂上方的橫向 8 字形，象徵著永恆。永無休止的姿態顯示出堅持願景所涉及的毅力，而與他人協商也是成就願景的一部分，如此才能創造嶄新的現實。

除了情感與精神力量以外，這張牌還代表體力和活力。然而，正如女子的善良平息了獅子的凶猛，力量牌也暗示著對慾望和衝動的控制與引導。我們無法擺脫動物本能的衝動和需要——獅子仍必須殺害獵物才能進食。食物、性和權力是不會消

失的慾望,然而,力量牌向我們展現如何
盡可能地將活力用於共同利益上。

逆位

逆位的力量代表你在應對衝突時過於
強硬或過於被動。可帶入這張牌的正位特
質:同理心和溫和的自信,而不是增加局
勢的緊張,或任人對你施暴。

象徵意義

獅子｜力量、勇氣、危險、領導力
無限符號(∞)｜無限
紅玫瑰｜熱情、愛
山｜憧憬
黃色背景｜意識、活力和表現

神祕意義

在生命靈數中,數字 8 代表領航、繁
榮和權威。力量牌代表成功、力量和富有
同情心地駕馭社會(和內部)動態。

這張牌與火元素有關,闡明了力量牌
的熱情、堅持和信心。

力量牌在占星學上的連結是獅子座。
獅子座的人信仰堅定,對感情很投入——
熱情、忠誠、保護慾強。

提問

我的計畫團隊負責人不接受我的想法。我要如何才能說服他們?

力量牌通常強調的是願景的力量。如
果你抽到這張牌,請想想你想要什麼
樣的成果。可以花點時間釐清自己的
願景。請發揮你的自信,相信你想要
的成果將使所有相關人士受益。安排
會議,與團隊負責人討論當下的問
題。可先從找到彼此的共同點開始,
正如力量牌中的人物友善地認可獅
子,可以此為起點進行協商,同時忠
於自己的願景。

支持和對立的牌卡

節制牌可強化力量牌的平衡。結合權
杖十的力量牌,則強調需要大量體力和情
感力量才能完成的遠大願景或任務。

如果碰上如月亮牌這種潛意識衝動凌
駕在我們意識之上的牌卡,或是如惡魔牌
這種肉體慾望推翻紀律的牌卡,就會與力
量牌的平衡與紀律相對抗。

別名 長者、時間

關鍵詞 智慧、探索者、內心的聲音

元素 土

占星學 處女座

生命靈數 9

隱士是體現智慧和謹慎的長者。年齡讓他們遠離了繁華的世界。他們提的燈代表他們予以尊重並探索的內在聲音。無論你的年紀多大，如果你為自己抽到隱士牌，你就是一個老靈魂，以及內在療癒、智慧和真理的追尋者。

你正在朝聖之旅中尋找內在的聲音或靈性真理。你一直提出的問題是什麼？在你尋求答案時追尋的是誰或什麼事物？你的朝聖之旅可能和宗教或靈性有關，也可能只是設法讓自己的日常生活更有意義，例如保留更多時間每天散步或冥想，讓你可以聽到自己的想法。

如何度過時間是隱士牌的關注之一。你現在生活中最有意義的活動是什麼？很重要的是，要花足夠的時間獨處，才能聽見內在智慧和神聖內在聲音的指引。然而，抽到隱士牌未必表示你大部分時間都在獨處，而是花時間和有共鳴的人一起做有意義的事情。此時老師可能尤其重要。整體而言，你能夠優先考量自己的內在或靈性生活。

逆位

逆位的隱士牌意味著你可能過於固執地想確保自己的獨處時間、安排行程，並

給人一種追求靈性修行的假象。相反地，你可以放棄什麼來創造更多體驗驚嘆的空間？

　　你也可能忽略了內心的聲音，或生活中的智者一直試圖分享的智慧。你可能會立即在生活中獲得許多智慧，但前提是你積極尋找學習和反思的途徑。

象徵意義

燈籠｜內心的聲音
向下凝視｜退縮
拐杖｜自力更生
六芒星｜天地合一

神祕意義

　　在生命靈數中，數字 9 代表目標的完成和實現。作為長者或老靈魂，隱士在他們的生活中感受到圓滿和成就感。9 也是代表冥想的數字，是隱士的重要修行。

　　隱士的靈性追尋並非理想主義、情緒化或社交活躍的，而是接地氣的。土元素表示隱士從容不迫地踏上旅程，並帶著尊重使用物質上的資源。

　　隱士牌與處女座有關。如同隱士，處女座溫和地調和令人驚畏和驚奇的元素。

提問

我可以做些什麼來吸引不想唸書的學生呢？

隱士牌強調有意義的努力。他們重視探索內在世界和尋求智慧，而非膚淺的消遣和表面工夫。隱士牌建議你的學生需要找到更有意義且與個人相關的資訊。設法幫助他們將個人與學習相連，讓他們能夠體現隱士追求意義的精神。

此外，你可能正處於尋求並質疑自己和教學方法的時期。可將好奇心和信念帶入自己的道路和課堂，也能尋求導師的幫助，以指引你度過難關。

支持和對立的牌卡

　　如同女祭司和寶劍四，這是代表冥想和反思的牌卡，強調隱士向內探索的靈性修行。隱士牌與教皇牌則是能以教師的身分相容。

　　而如聖杯九和權杖四等象徵慶祝的牌卡，則妨礙了隱士獨處的平靜。

WHEEL of FORTUNE.

別名 命運、輪盤

關鍵詞 變化、模式、財富

元素 火

占星學 木星

生命靈數 10，兩個數字相加
為 1

命運之輪代表季節和命運的變化。我們的一生在好運和壞運、歡樂時光和悲傷時光之間反覆循環，可以試著以富有同理心的方式應對更糟的情況，並對我們在所有情況下的行為負責。但很多時候，我們確實無法控制降臨在自己身上的局面。

命運之輪可能預示著命運意想不到的變化。命運之輪提醒我們，沒有什麼能保持長久穩定，但歷史和模式確實會重演，而且周而復始。

你可能會開始認可和理解自己的模式，以及身邊的人和世界的模式。你正在獲得動力和接納，或是平靜。你越來越能夠認清什麼是你要改變的，什麼問題最終必須留給命運或上天決定。

逆位

逆位的命運之輪表示事情已經停滯，又或許已經結束。請留意你是否正試圖反抗命運。任何試圖避免的事都會不可避免地繼續困擾你。請考慮你的行為帶來的立即和長期影響。

象徵意義

希伯來文字母｜ YHWH，不可言說的上帝之名。

TORA（逆時鐘讀的字母）| Torah（律法）
TARO（順時鐘讀的字母）| Tarot（塔羅）
ROTA（從底部開始順時鐘讀的字母）|
拉丁文的「輪子」
煉金術符號｜汞、硫磺、水、鹽
紅色胡狼｜阿努比斯（Anubis），埃及的
來世之神。
蛇｜智慧、誘惑
獅身人面像｜宿命之謎
天使、鷹、獅子、公牛｜十二星座中的固
定星座（水瓶座、天蠍座、獅子座、金牛
座）、四大元素（風、水、火、土）、四個
方向（北、南、東、西）、人生的四個階
段（嬰兒、青年、成年、老年）

神祕意義

　　在生命靈數中，數字 10 代表成長和反
覆。將 10 這兩個數字加起來為 1，這是象
徵統一、開始和力量的數字，表示魔術師
的意志和包羅萬象的觀點。

　　命運之輪一直在轉動。我們本身和生
活的碎片在這個熔爐中受到摧毀，再重新
創造。

　　命運之輪在占星學上與木星有關，強
化了這張牌在金錢和財富上的意義，因為
木星是象徵豐盛和擴張的行星。

提問

**我的生活感覺就像分崩離析，我要
如何才能讓生活回到正軌？**

在回答這個問題時，命運之輪建議你
專注於知道可讓自己和生活呈現真實
樣貌的模式。這些模式可以幫助你了
解可採取的行動，而這些行動很可能
會奏效。現在不是一廂情願的時候，
而是要根據你透過經驗確定的事實採
取行動。也請留意因果關係。這是成
長的時刻，你有難得的機會可以打破
循環。對自己的觀點負責，對回應變
化的方式負責，你就能實現目標。每
種情況都是暫時的，包括混亂或失落
的時期。

支持和對立的牌卡

　　命運之輪打破循環的意義，被戰車
（象徵突破的牌卡）和小阿爾克那每組花
色中的數字 7 所強化。

　　死神牌或塔牌與命運之輪的結合，強
調意想不到的重大變化。

　　象徵停滯的牌卡若伴隨命運之輪一起
出現，則顯示抗拒改變。錢幣四和聖杯四
就是這樣的牌卡。

正義牌描述的是在可能的範圍內恢復公平、公正和平衡。這張牌卡中的人物權衡了這種情況的各種考量（由天秤所象徵），並使用清晰、理性、客觀的頭腦（由他們的劍所象徵）來選擇正確的行動方案。

正義牌部分的權衡行為涉及用客觀意識來平衡他們的個人意見和偏見。正義也保有對當下狀況的道德原則和實際要求做出反應的能力，同時仍忠於我們自己。正義背後的帷幕指向掌管業力、因果法則和超越人類能力的宇宙正義領域，但我們的目標是在自己以正義處事的過程中帶入這樣的法則。

正義也是象徵調整的牌，尤其是從抽象到具體的調整。實施公平，以及創造平衡與平等需要調整我們對規則、法律和道德準則的理解，以評估特定情況的具體細節。繼命運之輪之後，正義牌也描述了我們在改變命運後必須在生活中做出的調整。如果你抽到正義牌，可能會做出恢復平衡的決定，以平衡被打亂的生活或不公平的情況。

逆位

逆位的正義代表過度的不公平感。即使事情對你不利，但這種情況的結果實際

別名 調整

關鍵詞 平衡、客觀、公正、公平

元素 風

占星學 天秤座

生命靈數 11，兩個數字相加為 2

上對所有相關人士都是最好且最公平的。在極端情況下，這種缺乏遠見會展現為多種形式的歧視、偏見和不公。貪汙、機會主義、不公正、種族主義、仇外心理、性別歧視、體能或智能歧視、跨性別恐懼症、厭女症、異性戀偏見主義和同性戀恐懼症等不勝枚舉的狀況。

象徵意義

秤｜權衡決定的因素
寶劍｜理性思維、客觀
帷幕｜帷幕之外是宇宙正義的領域
柱子｜平衡、支持、法律制度

神祕意義

在生命靈數中，11 是象徵靈性洞見的神聖數字。將 11 這兩個數字加起來為 2，這是代表二元性、平衡、公平、選擇和夥伴關係的數字。

與風元素有關，正義牌是理性的。正義牌的客觀給人一種失重感。

正義與占星學中的天秤座有關，秤與天秤座的平衡和公平等價值觀產生共鳴。

支持和對立的牌卡

皇帝牌和正義牌一樣，關注的是理性秩序和現實世界的責任。象徵外界平衡的牌卡，如錢幣二，還有象徵理性公平的牌卡，如寶劍王后，也為正義牌提供支持。

如惡魔或寶劍十等具壓迫特質的牌卡，或是如寶劍五等帶有競爭意味的牌卡，都和正義牌形成對立。

提問

我與伴侶爭執的深層議題是什麼？

如果你抽到正義牌，你和伴侶可能最近經歷了重大的生活變化，都在調整。請公平地對待彼此，並經常對你們正在經歷的事情溝通。為了重建你們之間的平衡，請每天調整，確認你對伴侶行為的臆斷是否屬實，並以能夠促進雙方之間公平、平等的方式前進。由於正義牌代表平衡和理性，此時對你們每個人來說，了解自己的需求並照顧好自己和彼此尤其重要。

THE HANGED MAN.

別名 吊人

關鍵詞 信任、自我犧牲、等待

元素 水

占星學 海王星

生命靈數 12，兩個數字相加為 3

倒吊人體現了對宇宙的信任。如果你抽到倒吊人，你的信任和信念正在受到考驗。你的生活感覺懸而未決。你難以前進，因為你不信任身邊的人，或是無法相信事情有解決的可能。

然而，你知道（或正開始明白）自己的信仰、投入，以及什麼樣的信念感會帶你度過難關。這張牌卡讓我們領悟到靈性支持是真實而有形的。有些人認為倒吊人是吊掛在生命之樹上，這暗示無論你摔得多重或多深，你仍然在宇宙中，宇宙會接住你。

倒吊人的上下顛倒暗示著非傳統的視角。從基於靈性而非世俗真理的角度來看，你看到了別人看不見的東西。你看到了超越幻象和主流典型模式的創意解決方案、愛、美和神性。你非傳統的觀點可能會讓某些人不安或惱怒，他們可能會以譴責和迫害的方式反擊。然而，你正在通往終極自由、成就和慶祝的道路上。

逆位

逆位的倒吊人表示你在精神上正飽受焦慮和不公義的折磨，導致你正喪失對自己或神性的信任。逆位的倒吊人也可能代表因脫離信念和真理而帶來的絕望。儘管

正位的倒吊人可能是以個人信仰和信念為名而自我犧牲的牌，但這張牌的逆位則問你是否一直出於習慣而自我犧牲。請在內心深處尋找你的信仰，它就在某處，你可以信任它能為你提供真正的包容和支持。

象徵意義

樹｜生命之樹

光環｜啟蒙

藍襯衫｜直覺

紅褲｜活力、無所畏懼

神祕意義

作為暫停和等待的人物，倒吊人的存在超越時間，懸於永恆的真理中。在生命靈數中，數字 12 代表時間——一年分為十二個月，分為十二個星座——事實上，倒吊人可以同時看到所有時間。

倒吊人的元素是水，象徵靈性與情感的時刻。倒吊人與海王星有關，而海王星是象徵奧妙和靈性感知的行星。

支持和對立的牌卡

搭配倒吊人的寶劍二強調暫停、向內探索，以及與直覺真理連結的時刻。隱士牌的智慧也強調倒吊人的智慧。

提問

我感受不到家人的支持，是我做錯了什麼嗎？

很重要的是，請了解你感到不受支持的原因與自己「做錯了什麼」無關。抽到倒吊人顯示你傾向以超越目前現實的意識和神聖的信仰來行動。你可能經常質疑自己的靈性感知，但重要的是要了解，你的家人不確定該如何對你的真實狀況和內在自由做出反應。請繼續保持信念，因為懷疑會讓你無所適從。

信任對倒吊人來說是重要的議題。請盡己所能培養你對自己和家人的信任，可協助他們了解你，對他們保持開放和好奇，並尋找彼此建立連結的方式。

教皇的習俗和制度與倒吊人的非常規、創造性或反傳統的真理相衝突。如寶劍騎士等帶有速度、緊迫性和外在行動的牌卡，則不利於倒吊人的內在旅程和隱約的內在信念。

DEATH.

別名 轉化

關鍵詞 結局、悲傷、轉化、重生

元素 水

占星學 天蠍座

生命靈數 13，兩個數字相加為 4

死神是代表結束、悲傷和放手的牌卡。在我們放手時，我們就會開始轉化。恐懼瓦解，愛得以釋放。

這張牌中發生的死亡事件是國王之死。我們看到他的皇冠掉落。死神牌表示我們可能已經失去了一定程度的控制，但正如在倒吊人牌中所了解的，我們不必一直堅持下去。即使我們失去了控制局面的能力，也能找到對神性的信任。我們可能一直暗自渴望擺脫某種內在的控制機制，而這種機制可能是因悲傷的情況所導致，但我們現在已經從中解脫了。

死神牌提醒我們，死亡並不意味著某個特定事件。這張牌卡中的孩子睜大雙眼，好奇地面對死神。女子不願面對死神，轉身哀悼。主教莊嚴地迎接死亡。正如牌卡中的人物各自與死亡的關係不盡相同，我們誰也無法預測結局將為自己帶來什麼樣的意義和感受。因此，這張牌在提醒我們，不要因為是結局，就提前害怕結局的到來。

如果你抽到死神牌並且害怕它所代表的結局，那麼請對恐懼的自己保持耐心，並記住超越恐懼便能看清整個來龍去脈。死神是象徵解脫和重生的牌。成長可能很痛苦，卻總是值得。你想成為什麼樣的

人?你希望生活在什麼樣的世界?請信任自己的轉變。

逆位

逆位的死神牌表示你拒絕接受結局。你陷入憂慮、恐懼和困惑,抗拒自己的轉變。請記住,除了從這個結局中成長的程度,和從痛苦中創造的美好之外,你無法控制任何事。

象徵意義

玫瑰十字會的玫瑰|四種元素和第五元素,或靈性(置於這個符號的中心作為強調)。

國王的皇冠|控制

死神的黑色盔甲|保護

河|冥河,死後的靈魂之旅。

神祕意義

在生命靈數中,數字 13 並非不吉利的數字,反而是強大的數字,代表面對真相並因此轉變的能力。將 13 這兩個數字加起來為 4,呼應皇帝牌接受現實中的客觀事實。數字 4 的穩定帶給我們一種下定決心的感覺。

死神牌的元素是水,讓我們透過眼淚

提問

我一直很享受和人相處,但最近我在團體中很焦慮。我的恐懼背後隱藏著什麼問題?

如果你在回答這個問題時抽到死神卡,那麼你的身分認同(你的盔甲)就會不斷地變化。你變得敏感,但火的考驗讓你適應力很強。請溫柔地對待自己。

了解你的敏感來自正在適應全新的自己。請專注於你必須進行的成長,而非只是暫時解決焦慮。時間會撫慰你的自我意識,你會再次享受與他人相處的樂趣。

釋放悲傷和痛苦,也幫助我們淨化心靈。

死神牌與占星學上的天蠍座有關。天蠍座沉迷於轉化,有時會因錯誤的思考或生存方式而導致毀滅。然而天蠍座在面對變化時很冷靜。

支持和對立的牌卡

如果寶劍十與死神牌一起出現在占卜中,這些牌就是在表示你因結局所經歷的痛苦。務必要承認這種情況對情緒的影

響，如此你才能釋放悲傷和療癒。

　　命運之輪強調命中註定或無法控制的結局。不要為這個結局而內疚，而是要從已經發生的事情中汲取教訓，並以正向的態度繼續前進。

　　沒有牌卡可抵銷死神牌的效果。然而面對重要的結局，愚人可能會不以為意或司空見慣。

節制讓我們在情感、創造力和靈性上蓬勃發展，因為我們生活中的所有元素都共同在和諧平衡中流動。節制是象徵煉金術、藝術和隱喻的牌。重點在於融合各項元素，以療癒不平衡的狀態，並創造超越各部分總和的體驗。牌中的天使將水從銀杯倒至金杯中，代表元素的融合。水神奇地斜向傾瀉而下，顯示在創意領域中，不可能也能變為可能。

這張牌對節制的定義不是禁慾，而是元素的適當平衡。天使的腳一隻在陸地上，一隻在水中，也代表了這樣的原則。如果你抽到節制牌，這張牌鼓勵你找到或保持平衡。如果你正在成癮或失衡的狀態下苦苦掙扎，與其強迫自己戒除某些事物，不如在生活的其他領域做出改善，如此一來，這些領域就會為你帶來正在尋求的滿足感。可在生活中加入某種實踐或體驗來鍛鍊自己，這本質上可帶來滿足感，有助於平衡任何破壞性的行為或影響。

逆位

逆位的節制表示缺乏平衡。這種不平衡可能是因放縱或成癮所引起，也可能是由剝奪所導致，例如飲食失調或拒抗拒自己的情緒。請採取措施以恢復平衡。

別名 藝術

關鍵詞 創造力、藝術、療癒、平衡

元素 火

占星學 射手座

生命靈數 14，兩個數字相加為 5

象徵意義

天使｜神聖保護

水｜淨化、療癒

七位一體（正方形內的三角形）｜人類經
驗的七大原則

鳶尾花｜希望

神祕意義

在生命靈數中，14 這個數字代表穩
定。因此，這表示在靈啟狀態下，情緒並
非主要的特質，而只是存在的眾多特質之
一。將 14 兩個數字加起來為 5，這是象徵
變化和調解的動態數字。這呼應了節制牌
結合許多不同元素的意義。

節制牌的元素是火。這是一張充滿活
力的牌卡，各種元素的結合帶來創造性或
熾熱的化學反應。

節制牌與射手座有關。射手座的人有
很多不同的興趣，但也很直接。同樣地，
節制牌也結合了獨特的元素和特定的目標。

支持和對立的牌卡

星星與節制的結合，強調了節制牌的
療癒意義。聖杯二和正義牌強調了平衡。

權杖五和寶劍五分別表示混亂和衝

提問

**我的工作期限很緊迫，什麼樣的特
質可以幫助我按時完成計畫？**

如果你抽到節制牌來回應有助實現目
標所需要的特質，牌卡鼓勵你找到平
衡，便能成功完成任務。請好好滋養
自己、保持充足的睡眠，並避免離群
索居，讓自己在最後期限的巨大壓力
下仍能保持健康。請讓流動的創意來
引導並激勵自己。

突，都和節制牌的和諧形成對立。惡魔牌
的享樂主義也和節制牌的平衡形成對立。

THE DEVIL.

別名 牧神潘、誘惑、迷失的
俘虜

關鍵詞 活力、玩樂、誘惑、
壓迫

元素 土

占星學 摩羯座

生命靈數 15，兩個數字相加
為 6

這張牌中的惡魔形象是希臘的牧神
潘。半羊半人的牧神潘是受人崇敬的大自
然、慾望、玩樂和其他肉體歡愉（例如音
樂和食物）之神。西元四世紀，基督教神
學家開始將牧神潘妖魔化，在對撒旦的描
繪中加上山羊角。在塔羅牌中，惡魔牌保
留了潘的調皮、好色、活力四射等元素，
但也描繪了當我們難以抵擋唯物主義時會
發生什麼事。

惡魔牌鼓勵我們審視生活中似乎不恰
當的事，無論是在內心，還是在我們發現
自己牽涉其中的狀況。如果你抽到惡魔
牌，必須仔細審視你的惡作劇和玩樂意
識。當涉及規則和束縛時，你是在鬧著玩
還是挑釁？你是否正在重大情況下展現輕
浮，並打破障礙和不必要的規則以帶來快
樂和樂趣？你正經歷什麼樣的生命能量？

另一方面，你是否正在造成傷害？這
種不當行為是否由你所導致，還是他人施
加的操縱或壓迫？你是否正壓抑、拒絕或
羞辱自己或他人的任何一方？這種情況的
動態關係為何？是否有辦法帶來自由？

惡魔牌的另一個面向是，有時我們以
為自己被困住了，但實際上並沒有。惡魔
的奴僕脖子上的鎖鏈是鬆的，如果願意，
他們可以將鎖鏈取下。如牌卡所示，他們

被操縱、貪婪，和害怕為自己的負面行為承擔責任所束縛。他們因為自己的負面行為而互相指責或指責惡魔。惡魔牌要求我們面對自己的恐懼和陰暗面，以擺脫他們的控制。

逆位

逆位的惡魔代表釋放和切割、放過你自己、發現你並不像自己最初以為的那樣被困住。

象徵意義

惡魔｜牧神潘（Pan）、本性、肉體享樂
男人和女人｜亞當和夏娃，因容易受誘惑而被定罪。
倒五角星｜殘忍
鏈條｜受困，無論是透過選擇、操縱還是壓迫。

神祕意義

在生命靈數中，數字 15 代表監禁和對抗。這兩個數字相加為 6。描繪的這對伴侶可能看起來很眼熟——他們也出現在戀人牌中。戀人牌的數字 6 象徵和諧與順從，而數字 15 則揭露反面的陰影和權力鬥爭。

提問

是什麼造成我生活中的一切混亂？

抽到惡魔牌，可能表示你覺得正受困於某種情況中。有時抽到這張牌可能意味著你一直在忍受控制慾強的的伴侶、老闆、室友或房東——而且通常起因於經濟拮据。

生活混亂的原因可能是真實或想像中的限制，迫使你處於不健康的狀態。可問問自己，是什麼讓你陷入這樣的絕境。請思考這些限制是否真實存在，如果真實存在，可集思廣益如何用創意或策略來加以擺脫。別忘了，惡魔牌的另一項特色是愛玩。看看你是否可以透過玩樂來擺脫這些情況。

摩羯座和惡魔牌中的半山羊人物是不屈不撓的生物。他們行使能量和力量，但都可能深陷自己的負面期望。與大地相關，他們帶有儘管可能沉重卻接地的能量，表示他們的挑戰是必須放下限制性想法才能享樂。

支持和對立的牌卡

聖杯九結合惡魔牌，強調過度放縱。

月亮牌帶有的危機感暗示內心對惡魔本能
（例如貪婪或對支配的需求）的清算。

　　節制牌的適度控制，與惡魔牌享樂主
義的過度放縱、渴求權力的限制或對他人
的壓迫形成對比。

THE TOWER.

別名 火、晴天霹靂

關鍵詞 破壞、後果、災難、排毒

元素 火

占星學 火星

生命靈數 16，兩個數字相加為 7

當我們生活中的某些事，例如習慣、工作和關係進展不順利，但我們卻拒絕承認這些議題時，就會用臨時的解決方案、一廂情願和否認共同建造出一座越來越不穩定的塔。如果我們不主動拆除或修復這座劣質的塔，它必然會倒塌。

塔牌意味著徹底摧毀的時期。我們所仰賴的基礎，無論多麼失衡，都已經從我們的腳下拆除了。突然從高空墜落可能會讓我們恐懼或絕望。

如果你抽到塔牌，你收到的禮物是真正的解決方案和堅實的基礎如今可以到位，因為無法維持的情況不會再消耗你的能量。印度教的卡莉女神是出於愛而摧毀無用之物的母神，祂已為你清除了荼毒你的事物。現在是清理、排毒和重新開始的時候了。

逆位

逆位的塔牌示他人的生活正在毀壞和崩塌，而你受到他們經歷的影響。然而，在這種情況下，你在靈性上、精神上和情感上都更加強大。他人的過錯未必會侷限、束縛你的精神。

象徵意義

王冠｜控制
塔｜恐懼
閃電｜啟蒙
火焰｜變化、毀滅、重生

神祕意義

　　在生命靈數中，數字 16 實際上是個正向的數字，代表釋放被壓抑的感受，以及創造力和愛的流動。將 16 這兩個數字加起來為 7，這是象徵靈性和考驗的數字，與大阿爾克那中代表突破的七號牌：戰車產生共鳴。

　　不意外地，塔牌的元素是火。火會照亮它摧毀的東西。塔牌透過摧毀無用之物，既闡明了我們的學習之路，又釋放了卡住的能量，我們如今可以利用這些能量來採取行動並展開學習。

　　火星是與塔牌相關的行星。火星具有侵略性，但也充滿激情和性慾。當我們的恐懼和自負之塔倒塌時，熱情與活力就會被釋放出來。

提問

我被解雇了，覺得自己很失敗。現在我該怎麼做？

如果你抽到塔牌來回答這個問題，請探索內心深處希望擺脫這份工作的哪個部分。可專注在靈魂的部分。請愛你的那一部分。現在是時候傾聽你為了保住工作而不得不拒之門外的那部分心聲了。讓自己充滿熱情且精力充沛的一面再度甦醒，為正向改變的新道路注入活力。其他的部分則已覆水難收。

支持和對立的牌卡

　　死神牌也是代表結束的牌卡。在伴隨塔牌一起出現時，無可否認一場全面性的轉化正在發生。寶劍十結合塔牌，強調所有在塔牌中走向終結的暴力。

　　如果搭配星星牌、節制牌或戰車牌，塔牌的劇變會因如釋重負感和新的使命感而被緩和。

別名 奇蹟之星、星空、希望

關鍵詞 指路願景、療癒、創造力

元素 風

占星學 水瓶座

生命靈數 17，兩數相加為 8

正如星星可用來導航，星星是為我們帶來指引的願景或理想，永遠為我們指明正確的方向。無論離實現願景有多遠，當我們朝著它前進時，知道自己走在正確的道路上。

星星幫助我們相信奇蹟，讓我們與日常的神奇力量相連。這張牌卡中的朱鷺代表埃及的托特神。作為思想、語言和魔法之神，托特提醒我們思想和文字的力量。我們命名的事物是強而有力的。

為我們的理想命名可為它們注入活力。我們的經歷充滿美妙之處且富有意義。

如果你抽到了星星牌，那麼現在就是療癒和恢復活力的時刻。可為自己進行接地和淨化儀式。現在面對弱點的赤裸真相是沒問題的；你很美麗，值得獲得療癒。

確保你的儀式、療癒和理想彷彿受到淨化般接地。在極端情況下，星星牌代表天真。不要迷失在未來的願景中，設定個人而非抽象的目標和意圖。在你的日常生活和人際關係中敞開心扉去迎接各種意想不到的可能，你鼓舞了許多人。

逆位

逆位的星星代表天真和忽視。你是否過度仰賴信念，以至於選擇沉溺於空想，

而不是採取實際行動去實現自己的理想？
又或是你沒有意識到自己的希望、理想和
可能性。你或其他人正忽略可能的解決方
案和補救措施，如果你讓自己這麼希望並
相信的話。

象徵意義

星星｜指路明燈
倒水｜淨化、療癒
水與土｜平衡、接地和靈性
朱鷺｜托特、語言、魔法
裸體｜純潔、誠實
山｜憧憬

神祕意義

在生命靈數中，數字 17 代表安靜的確
信和微妙的力量。將 17 的兩個數字加起來
為 8，這是個象徵力量的數字。你有強大
的願景，而且擁有貫徹執行所必需的力量
和洞見。

星星的元素是風。這張牌卡減輕我們
的負擔，鼓舞了我們。我們能夠感受到過
去可能沒有的心情和精神上的輕鬆。

在占星學中，星星牌與水瓶座有關。
水瓶座的人天生會用他們的理想主義和對
可能性的信念來激勵他人。星星代表使你

> ### 提問
>
> **我正因失去親人而悲痛。在哀悼的
> 日子裡，什麼事物能為我帶來慰
> 藉？**
>
> 如果你抽到星星牌這張正向且鼓舞人
> 心的牌卡，這建議你專注在所愛的人
> 如何繼續成為你和他人的指路明燈。
> 請花時間思考這個人對世界的看法。
> 他們對身邊的人有什麼啟發？他們對
> 你有什麼啟發？可致力於將這些啟發
> 融入你的生活，以此來紀念所愛的
> 人。可思考一下該如何傳播你所愛之
> 人的能量之光。

充滿樂觀感受的人、情況或理想。

支持和對立的牌卡

節制牌為星星牌提供支持，強調平
衡、療癒和淨化。寶劍六也為星星提供支
持，強調平靜。

另一方面，塔和寶劍九都與星星對
立，暗示你在動盪和憂慮的時代中會看到
希望的曙光。此外，惡魔牌的過度放縱和
權力失衡，結合星星牌，暗示過度焦慮、
放縱或強加於人的理想主義。

THE MOON.

別名 幻象

關鍵詞 夢、本能、危機

元素 水

占星學 雙魚座

生命靈數 18，兩個數字相加
為 9

月亮代表在月光下或潛意識中發生的經歷。夢、侵犯、性、動物本能和恐懼、困惑、幻覺、犯罪和內心危機時刻都屬於月亮的範疇。

這張牌卡中的狼和狗對著月亮嗥叫，表達了家庭生活和狂野之間微妙而重要的界限。月亮的形象代表我們的本能和動物本性。它肯定了我們的直覺、夢想和靈性，但也顯示出我們殘忍的能力。

我們的本能往往源於恐懼，在這裡以兩座沒有窗戶的塔樓、有陷阱的堡壘和未知事物為象徵。我們需要什麼才能被馴化？在童年時期，殘忍是如何馴服我們的野性？

在最糟的情況下，月亮可能代表童年時期習得的相互依存或虐待關係模式，以及其他糟糕的絕對信念；例如根深蒂固的孤獨想像和對暴力的期望，這些都存在於我們的意識核心。如果你抽到月亮，可能正經歷一場信仰危機或靈魂的黑暗時期，但你的動物生存本能和驅動力也會讓你度過難關，迎接黎明。

逆位

當月亮逆位時，你不會探索自己的潛意識，而是加以忽略。你的直覺正在示

意，但你持續壓制直覺，讓自己陷入困境。情緒越來越高漲，但你無法放下。創傷帶來如此令人難以承受的感受，但你甚至不考慮治癒的可能性。是時候開始尋找療癒的方法了，否則你會持續憂鬱，或是當頭棒喝就在眼前。你可以恢復到順流的狀態。

象徵意義

狼｜本能

狗｜被馴服的野性

太陽和月亮的二元性結合｜行動或意志，以及反思或接納。

小龍蝦｜原始自我、水生起源

塔樓、瞭望塔｜恐懼。它們共同守護潛意識和意識之間的界限。

漫長蜿蜒的路｜未知的目的地

神祕意義

在生命靈數中，數字 18 代表對弱點和未知事物的溫和探索，以及對隱藏事物展開的探索。將 18 兩個數字加起來為 9，這是代表冥想、豐盛和實現目標的數字。

月亮屬於水元素。水代表情緒的表達，以及我們意識的可塑性和流動性。

月亮牌在占星學上的對應是雙魚座。

提問

為什麼我總是處於一段不健康的關係中？

如果你在回答這個問題時抽到月亮牌，牌卡鼓勵你深入審視潛意識對世界的理解，而這是自童年時期就根植於你潛意識的舊有模式。請尋求支持，並善待自己。過去的創傷很深，但你很堅強，願意治癒。接受並了解你的創傷，便可減少大半的掙扎。未來的日子會更為晴朗。

雙魚座的人重視療癒、直覺、親密和界限。月亮牌同樣包含界限的流動性，教會我們親密和暴力之間有時微妙的差異，並幫助我們療癒我們的界限。

支持和對立的牌卡

結合隱士牌的月亮牌，為你提供獨處、反思和直覺的時間。

皇帝牌的穩定和月亮牌的流動性形成對立。這種組合可能意味著令人捉摸不定的領導者，或穩定性與流動性之間的衝突。

THE SUN.

別名 孩童

關鍵詞 喜悅、成功、健康、
孩童

元素 火

占星學 太陽

生命靈數 19，兩個數字相加
為 10 和 1

在氣候宜人的晴天，我們常會不自禁地感到喜悅。太陽牌代表太陽自然而然帶給我們的喜悅，如果你抽到太陽牌，可能會像這張牌卡中描繪的孩子一樣沒有防備之心且興高采烈。

這張牌暗示在經歷一段困難時期，比如生病後，又出現了曙光。太陽的光芒消除了混亂，使我們恢復健康，並驅散了危險和怨恨。如今你可以享有清晰的視野。這是成功、獲得認可和愛的時期。你可能會享有獎勵、繁榮、幸福的婚姻、孩子或孫子。作為意識的象徵，太陽顯示你帶著自信、堅定的信念和覺察行事。

也許最重要的是，太陽牌表示你很容易給予和接受同情。我們本能地愛和幫助一個孩子，他毫不懷疑地接受我們的支持。同情是你的反射動作，感恩對你來說是基本的。你擁有需要的資源、成功和支持，因此你能夠將自己的同情和清晰擴展到那些需要更多愛的人身上。

逆位

在許多情況下，太陽逆位的意義等同正位的定義。然而，有時逆位暗示著某些珍視事物的喪失或困難。請留意麻煩的狀況，必要時可改變方向。

象徵意義

小孩｜快樂、誠實、天真、完整、內在小
孩
向日葵｜成長、美麗和靈性素養
紅旗｜活力
花園圍牆｜寧靜與安全
馬｜身體

神祕意義

在生命靈數中，數字 19 代表成就和戰
勝不確定性的清晰。將 19 兩個數字加起來
為 10，即象徵開始（在這個例子中以孩子
為代表）和結束（正在慶祝的喜悅成功）
的數字。接著將 10 兩個數字相加為 1，這
是代表統一、開始和力量的數字。

太陽的元素是火，強調它的能量、活
力、溫暖和照亮的力量。

太陽牌和占星學上的太陽本身有關。
太陽為我們帶來健康、清晰和活力。這表
明太陽牌的特質——喜悅、同情、健康和
成功——既非選擇性的，也不是罕見的，
而是每天出現，在它們閃耀的季節可以定
期享受的。留意生活中簡單、基本的喜
悅，它們與其他事物都同樣真實且重要。

提問

**我哥哥邀請我出國去拜訪他，但我
不確定我們目前的狀況。如果我接
受，可能會發生什麼事？**

在回答這個問題時抽到太陽牌，顯示
你和兄弟關係的基礎是喜悅。如果你
的兄弟有小孩，而你選擇拜訪他們，
他們將為你的生活增添更多樂趣。如
果你踏上旅程，在這次旅行中獲得的
情感連結和樂趣，將在返家後很長一
段時間仍持續照亮你的生活。

支持和對立的牌卡

包含與家人或愛人共度時光意義的牌
卡，例如聖杯九，可增加太陽的幸福感。
象徵成功和成就的牌卡也是如此，例如世
界或權杖六。

如塔和寶劍九等陰鬱或焦慮的牌，則
會遮掩太陽的光芒。

JUDGEMENT.

別名 最後的審判、天使

關鍵詞 更高的召喚、批評、
主觀判斷、赦免

元素 火

占星學 冥王星

生命靈數 20，兩個數字相加
為 2

審判牌表示我們已經發生某種深刻的變化。大天使加百列的號角呼喚我們充分意識到這樣的變化。透過大阿爾克那愚人之旅的第二十張牌，我們幾乎體驗了所有主要的人類體驗類型。我們現在已經能夠接受更高的召喚。

即使受到審判，這張牌卡中的裸體人物也不會感到脆弱，因為他們沒有其他祕密。他們感受到敬畏、驚奇，以及自己和彼此的覺醒所帶來的能量。如果你抽到審判牌，你正在經歷人生的重大轉變階段。這個重大轉變階段讓你準備好迎向愚人之旅四處奔走的最終成就。神聖審判正召喚你採取行動並從中成長。

或許牌卡要求你做出主觀的判斷。此時，批判性思維很重要，但注意不要過度批判。在極端情況下，審判牌顯示過度批判的心態會阻礙我們取得成功。審判牌代表寬恕、釋放，並慶祝我們面對更高召喚的新生活。

逆位

逆位的審判牌表示你過於挑剔，從而扼殺了任何靈性覺醒的可能。可努力減少批評，看看這會為你開啟什麼樣的機會。

象徵意義

大天使加百列｜神聖使者
小號｜宣布決定
紅色十字架｜救援、健康、療癒
孩子｜新生的意識
裸體｜純潔、誠實

神祕意義

在生命靈數中，數字 20 代表衝突或挑戰的統一與調和。這兩個數字相加為 2，是代表平衡與選擇的數字。我們在整個愚人之旅中做出的錯誤選擇，希望現在已被我們取得的成長所平衡。如果沒有，一位神聖的法官正在為我們進行平衡，丟給我們最後一項要克服的任務，以鞏固和整合最初著手學習的課題。

審判牌的元素是火，它會將雜質燃燒殆盡。

審判牌與占星學的冥王星有關，即代表靈魂深層轉化的行星。

支持和對立的牌卡

戀人牌強調了審判牌更高召喚的意義。節制牌和星星牌強化了審判牌釋放、更新和淨化的特質。

提問

我認為一直在進行的計畫毫無進展。重新開始會有什麼後果？

如果你在回答這個問題時抽到審判牌，那麼你的計畫可能已經接近尾聲，而你想放棄的渴望實際上是希望避免審判——無論是來自外界對你工作品質的評斷，還是不願面對你必須面對才能完成計畫的狀況。

審判牌表示，即使更改計畫，你仍然必須面對計畫最後階段讓你不敢面對的任何狀況。在你人生的這一刻，面對自己和你對這世界貢獻的品質尤其重要。

很可能在你的計畫中感覺不正確或缺少的元素，正好也是你生活中也缺少的成分。不論是完成這個計畫還是重新開始，你都會發現，這只是你一直在等待的提醒。

審判牌的層次遠遠超越象徵開始和潛力的牌卡，例如王牌（Ace）或愚人牌，後者會分散審判的效力。

別名 宇宙

關鍵詞 完成、慶祝、完整

元素 土

占星學 土星

生命靈數 21，兩個數字相加為 3

世界牌是一張完成計畫或旅程並回到原點的牌卡。這種完成指的可能是生日、畢業、週年紀念、退休或其他里程碑。

這張牌卡的主題包括統一和完整。在這張牌卡中跳舞的人是雙性人，他體現了一系列的可能性和表達方式。如果你抽到世界牌，你的生活會充滿實現、接納和歸屬感。

世界是一張慶祝和歡欣鼓舞的牌。經過一段充滿挑戰和學習、漫長而緊張的旅程──愚人之旅──你終於可以享受自己的成功、純熟、成就和獎勵了！

逆位

逆位的世界牌顯示必須在受限的範圍內工作。你的界線已被設定好，就當下而言，這是沒有商量餘地的。儘管如此，你還是可以在你的狀況下找到自由。這樣做不僅會為自己帶來快樂，而且你在任何情況下都能自由自在的能力，將是值得發揚光大的優秀技能。

象徵意義

天使、鷹、獅子、公牛｜十二星座中的固定星座（水瓶座、天蠍座、獅子座、金牛座）、四大元素（風、水、火、土）、四個

方向（北、南、東、西）、人生的四個階段（嬰兒、青年、成年、老年）

舞蹈｜帶著理解、愛、創造力和活力經歷人生和變化；讓內在狀態與外在行為保持一致

無限符號（將花環束在一起的橫向 8 字形）｜無限

月桂花環｜勝利、力量

魔杖｜將思想化為創意行動

神祕意義

在生命靈數中，數字 21 代表想像力和社交天賦。將 21 這兩個數字加起來為 3，即皇后牌所象徵的創造力和生命。我們帶入了皇后牌無限創意的計畫，讓許多人的共同利益獲得充分圓滿。

可以想見，世界牌屬於土元素。我們站穩腳跟，腳踏實地。我們受到親人的支持，反之，我們也能支持他們。我們體現了自己與整體的聯繫。我們知道自己是誰，以及代表什麼。

在占星學中，世界牌與土星有關。土星保守而勤奮，確保每一個細節都正確，並進行強化和鞏固。土星向我們保證，如果世界牌所預示的，這裡的成功是需要花上不少時間才能完成的壯舉，我們的成長

提問

我如何才能為即將上大學的女兒提供最好的支持？

世界牌是一張象徵完成和慶祝的牌卡。與其專注於為女兒未來的日子提供所有可能的建議，不如花點時間回顧她的一生，看看她成長了多少，成為了什麼樣的人。慶祝她的成長和高中畢業，將讓她能夠自信滿滿地去上大學，而這也讓她得以憑藉著自尊和喜悅做出自己的決定。

在回答關於任何變化或轉變的任何問題時，抽到世界牌表示生活的變化起因於成長，而轉化在很多方面都是帶來完整循環的狀況。

和成功是扎實而穩固的。

支持和對立的牌卡

象徵成功、成就或慶祝的牌卡都強調了世界的正能量。其中包括太陽、戰車、權杖四和聖杯九。

如聖杯五、寶劍十或塔等痛苦的牌卡，則削弱了世界的樂趣。

小阿爾克那：聖杯牌

聖杯代表我們的情感和靈性生活。它們闡明了我們的人際關係、我們的愛，以及開放、接受和反思的一面。它們也闡述了與創意心流相關的議題，以及它們如何幫助我們連結並了解我們的靈感來源。這個牌組與水元素相關。

聖杯王牌 Ace

數字 1 一體性、開端、力量

占星學 水象星座：巨蟹座、天蠍座、雙魚座

關鍵詞 愛、喜悅、靈性

聖杯王牌象徵充滿愛與喜悅。從杯中傾瀉而出的泉水代表愛的無限可能，只要你保持開放，並全心投入給予和接受愛。

王牌充滿各種可能；聖杯王牌顯示擴展你的心和感受更多喜悅的可能。聖杯王牌表示你樂於接受直覺、愛和生活。你在情感上、精神上，甚至身體上都感到健康和多產——這很適合你的狀況，因為這張牌也可能表示懷孕了。

逆位

逆位的聖杯王牌暗示過於刻板的宗教或靈性實踐，以及忽視愛和慷慨的精神——例如執著於不切實際的純潔觀念，或專注於表現虔誠或善良，卻沒有真正以謙遜或仁慈的態度行事，因而妨礙了靈性的成長。逆位的聖杯王牌也可能呈現創造力、情感、精神或身體上的不孕。請找到信任自己的方法。

象徵意義

聖杯｜接納
睡蓮｜靈性圓滿
白鴿｜和平
進入聖杯的聖餐聖餅｜進入子宮的交流或生命的火花
右手｜給予之手、送禮物給你
W 或 M（鋸齒形）｜水
三個鈴｜身、心、靈

聖杯二

數字 2 二元性、平衡、選擇、伴侶關係

占星學 金星巨蟹

關鍵詞 夥伴關係、友誼、合作

聖杯二描繪的伴侶代表任兩個在某種程度上互補的人，無論是作為朋友、同事還是靈魂伴侶。吸引、合作、和諧和平衡的元素正指引著你。

你正在將聖杯王牌無限的愛帶入實際的人際關係和互動中。這張牌預測新關係的開始，或目前關係中更深層次的承諾。

聖杯王牌

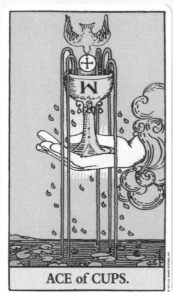

聖杯二

聖杯三

逆位

　　逆位的聖杯二暗示因溝通不良而導致關係失衡。如果生活中的一段關係存在不信任、衝突或緊張，請透過坦率溝通來恢復平衡，和這張牌卡的其他正位意義。雙方可能較想解決問題，而非繼續對抗。逆位的聖杯二也表示相互依賴。當下要如何培養界限和信任？

象徵意義

獅子頭｜活力、聯合保護
蛇杖（蛇纏繞在帶翼權杖上）｜談判、溝通平衡
花圈｜成功、和平
玫瑰花環｜愛、熱情

聖杯三

數字 3 綜合、創造力、動態平衡

占星學 水星巨蟹

關鍵詞 慶祝、友誼、同志情誼

　　聖杯三是一群親密的朋友或家人之間的慶祝活動。這張牌卡中的人物正在為他們的友誼或集體努力而乾杯。這張牌卡可能表示你已經找到了這樣的團體——會支持你的人、家族、社群。你終於加入了由志趣相投的人所組成，而且會互相關懷、有意義的團體。

　　聖杯三也可能表示，此時你的社群或家庭團體是可以尋求鼓勵的資源。或是這張牌卡可能指出在你的親密社交圈內發生了重大事件：團體成員之一的情感突破、加入團體的新成員，或任何其他時常快樂的成員正在經歷的事，而這影響整個團體的情緒。

逆位

　　逆位的聖杯三表示你可能過於依賴自己的社交團體，或過早慶祝某事。這可能是為了讓自己從不想做的事，或生活中其他方面的情緒或性的不滿足中分心。或是你可能花費了過多的精力來尋求團隊內部的認可。務必要解決生活中議題的根本原因，這樣你才能更加尊重並珍視友誼帶來的祝福。

象徵意義

葫蘆｜健康與活力
葡萄｜豐盛、歡慶
黃色｜友誼、喜悅

紅色｜活力
白色｜純潔

聖杯四

數字 4 物質成就、結構、秩序

占星學 月亮巨蟹

關鍵詞 休息、反思、厭煩、冷漠

　　在經歷聖杯三的慶祝之後，是時候休息一下，花點時間獨處了。聖杯四可以代表反思、做白日夢、冥想和寧靜的時間。如同這張牌卡中的人物，你在平靜的天氣坐在樹下，享受著休息。然而，如果你在這種心態中停留太久，會變得停滯不前且感到厭煩。你可能會焦躁不安，但卻沒有興趣採取行動來改變現狀。正如這張牌卡中的人物不承認向他們遞來的高腳杯，你會忽略機會。

　　這張牌的建議是享受休息，但也不要放慢速度或退得太遠而變得無動於衷，這會讓你除非遇上當頭棒喝，否則很難回到原來的狀態，正如你將在聖杯五中所見的。

逆位

　　逆位的聖杯四表示已準備好重新展開你的生活，再度願意接受機會，甚至是新關係。這張牌的逆位意味著繼續前進。如果你對自己的生活極不滿意，請說出想改變的地方。請接受邀請。擁抱自己的能力，讓你的生活變得美好。

象徵意義

雙手與雙腳交叉｜對機會和提議說不
樹｜保護
藍天｜神志清明

聖杯五

數字 5 變化、挑戰、不確定性、調解

占星學 火星天蠍

關鍵詞 悲痛、悲傷、哀悼

　　聖杯五中的人物哀悼三個打翻的杯子，而兩個杯子依然直立在他的背後。這個人低頭看著杯子，並越過河流望向他失去或留下的家。這張牌卡中的人物注視著他失去的家園，還沒有看到一旦離開過去，就會出現等待著自己的成就。經過一段必要的哀悼期後，時間會讓這個人的視線超越悲傷，他將能夠看到生活中的喜悅和意義。

聖杯五表示你經歷了失去愛情、家庭、工作、安全感或地位的極度痛苦。你可能失去了所愛之人、分手或對親密好友失去信任。你的悲傷無可否認。請表達自己的悲傷或壓抑的感受。你可能會發現自己回到了童年或家鄉。要知道，有時需要聖杯五才能讓我們擺脫聖杯四所代表的情緒停滯期。為你的失落悲傷，並準備好和自己剩下的部分和解。

逆位

逆位的聖杯五是痛苦加劇。你的失落令人難以承受，可能覺得無法治癒。請耐心地度過這段時期，並非一切都像表面那樣令人失落。聖杯五逆位的另一個含義是，你已經從失落中恢復。你正在積極調和過去的痛苦與現在的生活。可能也會獲得新的支持，幫助你面對失落，或從失落中走出來。

象徵意義

流淌的血｜失去生命、傷害身體
流淌的水｜靈性喪失
灰色天空｜不確定性

聖杯六

數字 6 和諧、融合、順從

占星學 太陽天蠍

關鍵詞 童年安逸、懷舊

聖杯六代表童年的溫暖與舒適。如同牌卡中在花園裡玩耍的孩子，你正在經歷一段溫柔的同情、幸福和愛的甜蜜時光。你正在享受數字 6 代表的和諧與放鬆。

你可能會懷舊並重新拜訪兒時的朋友，重溫老歌、快樂的回憶，或重返年輕時對你很重要的地方。作為老師、父母或照顧者，你可能正在為生活中的孩子營造這種感覺。現在在你的生活中，孩子可能占據特別多時間或特別重要。他們還可以幫助你與自己的童年或內在小孩保持聯繫。

逆位

如果你過度沉迷於聖杯六的特質，就會迷失在懷舊之情中。在逆位的聖杯六中，你會過度夢幻地看待過去，以致犧牲了目前的生活。或是你可能會憶起不愉快的童年回憶。無論占據你視野的是快樂還是不快樂的記憶，重要的是承擔起生活中

的責任，別讓自己被過去所困。

象徵意義

塔｜保護
白花｜純潔的愛

聖杯七

數字 7 靈性、考驗

占星學 金星天蠍

關鍵詞 幻想、創造力、誘惑

　　如果你正在進行創意計畫，聖杯七是充滿靈感和可能性的正向牌卡。許多可能性向你敞開，你正在尋找將在藝術中展現的靈感和想法。然而在某些時刻，請務必不要只是陶醉在靈感中，而是要實際創作你的藝術作品。

　　如果你沒有進行創意計畫，請注意現在周圍的可能性都是誘惑。這張牌卡中的每個杯子都提供了不同的誘惑，可能會讓你偏離正軌。這些誘惑現在對你來說可能特別有吸引力，因為你正處於人生的十字路口，需要能為自己帶來希望和滿足的下一步。在做決定時，要有耐心並保有自制力，不要被幻想或捷徑所誤導。

逆位

　　逆位的聖杯七強調了正位意義中潛在的錯覺。你可能會被表象所迷惑，將某人或某事理想化，而且通常選擇相信幻想而非現實。逆位的聖杯七也可能肯定你的沉著和抵抗幻想的能力。你可能已經獲得了當下很誘人的金錢、地位或性愛的機會，但你選擇延遲享受，選擇了更實際的道路。

象徵意義

迷人的臉孔｜慾望、浪漫
裹著布的人物｜更高意識、誘惑（可輕易獲得啟蒙的承諾）
蛇｜智慧或不誠實的野心
城堡｜不切實際的希望（空中樓閣）
寶石｜財富
月桂花環｜勝利與力量
舌頭帶刺的龍｜誘人的危險
7 個聖杯｜七種罪惡或誘惑（慾望、憤怒、暴食、驕傲、貪婪、嫉妒、懶惰）

聖杯四

聖杯五

聖杯六

聖杯七

聖杯八

數字 8 領航、繁榮、權威

占星學 土星雙魚

關鍵詞 離開、流浪、尋找

聖杯八的人物顯示離開穩定的生活，穩定的生活以八個整齊排列的杯子為代表。這個人離開穩定的生活，穿過一條多岩石的河流，走向隱藏在群山中的祕密。聖杯八代表你探索、內省和成長的需求。對你現在的生活失望，或對成就感到厭倦，可能會迫使你進入未知世界以尋找更多的意義。這往往是靈性的召喚，而且難以解釋。

如果這張牌經常出現在你的占卜中，這可能表示你有一種習慣性的衝動，一旦出現穩定或無聊的跡象，你就會離開某些情況和關係。這次或許可以考慮留下來對抗自己的抽離傾向，或許可以帶來更激動人心的未知體驗。

逆位

逆位的聖杯八可能會讓你隨波逐流。你可能會無止境地旅行、流浪、離開和過

早從情況中抽離。如果你正在四處尋找家，可能是因為你還沒有訓練出成家所需的耐心。逆位的聖杯八也可能意味著從靈性追尋中返家，可能因為是時候整合自己的所學，或是因為你已經放棄了追尋。

象徵意義

紅色斗篷和靴子｜權勢、力量
殘月｜放手
滿月｜轉化
深藍色的天空｜靈性
多岩石的水域｜精神煩惱

聖杯九

數字 9 完成、冥想、實現目標

占星學 木星雙魚

關鍵詞 接待、歡迎、享受

聖杯九有位舒適滿足的旅店老闆，隨時準備舉辦歡樂之夜。這個派對的重點是成為一個熱情、慷慨的主人。你秉持的精神是幸福和無條件的愛，將朋友、家人或社群聚集在一起。相較於權杖四慶祝正式成就的慶典，這張牌代表的是慶祝和諧關係的派對和聚會。你知道你值得享受生

活，因為你還活著。

因為聖杯九和愉悅和狂歡有關，代表滿足。在理想情況下，這是你滋養靈魂，並將接納和愛延伸至生活中其他人的時刻。如果這張牌卡正帶來較膚淺的體驗，你可能會更著重在物質帶來的滿足，而非實質關係帶來的滿足。在極端情況下，聖杯九代表自鳴得意或自滿的感覺。你舉辦派對只是為了炫耀嗎？你是不是生活太愜意，導致忘了展現慷慨大方，或全心投入於你關心的事物中？

整體而言，這是舉辦派對、享受健康，以及與所愛的人分享好運的好時機。

逆位

逆位的聖杯九顯示，你覺得自己不值得享受，或是過度放縱。如果你覺得自己不值得，這可能是由於最近的財務狀況或物質生活令人沮喪，或是你誤以為自己不該擁有想要的體驗。試著像對待他人一樣，也對自己慷慨大方一些。然而，如果你更關注的是自己的物質滿足和放縱，而非他人的幸福，那麼是時候開始進行更多的分享，並更深入地傾聽身邊的人了。

象徵意義

豐滿｜財富、滿足
黃色｜喜悅
紅帽｜富裕

聖杯十

數字 10 頂點（成功或困難）、開始和結束

占星學 火星雙魚

關鍵詞 親情、團結、喜悅

聖杯十代表家庭、幸福和實現你理想中的家庭。你現在的人際關係令人滿意。你的家人或社群成員彼此珍視，並接納彼此真實的本我。這並非一時的，你們建立的情感聯繫將持續增長。在你所選擇的或親生的家庭團體中，溝通、愛、肯定和支持將持續加深。你們能夠彼此相愛，並享受彼此的和睦相處。聖杯十描繪的是穩定的家庭關係，而其中的關鍵就在於你接受人們和情況原本的樣貌。

彩虹是希望和夢想成真的理想主義象徵，而聖杯十則表示你有能力從不完美的人際關係中看到愛、幸福和其他理想。與

聖杯八

聖杯九

聖杯十

其偏離軌道去追求不切實際的理想，不如
依照你理想中的家庭精神生活，允許必要
的小問題和瑕疵發生。

逆位

　　逆位的聖杯十仍然代表愛與和睦，但
有一個需要你留意的議題。你理想中的家
庭是什麼樣貌？是否有什麼人或事打擾了
你原本和諧的家庭生活？如果有這樣的狀
況，請盡最大努力處理這個議題，並將你
的家人或團體的福祉擺在首位。還是你對
家庭「應有」樣貌的理想，干擾了你享受
生活中的真正喜悅？如果你在追尋或試圖
執行理想時偏離了方向，請專注於接納你
的家族，並愛他們原本的樣貌。

象徵意義

彩虹｜希望、夢想成真、獎賞
河｜生育力
小屋｜家

聖杯侍衛

PAGE of CUPS.

聖杯騎士

KNIGHT of CUPS.

QUEEN of CUPS.

聖杯王后

KING of CUPS.

聖杯國王

聖杯侍衛

占星學 水象星座：巨蟹座、雙魚座、天蠍座

關鍵詞 天真、富有想像力、夢想家、鼓舞人心的消息

聖杯侍衛代表探索新感覺。聖杯侍衛散發著青春、純真和和諧的氣息。無論這張牌指的是你還是你生活中的某人，聖杯侍衛都代表著迷於靈感的人，而這些靈感來自他們自己和他人的內在生活，以及他們從與他人的情感聯繫中找到的靈感。從圖中，我們看到侍衛注視著從杯中探出頭的魚。魚代表透過創造力、親密關係、夢想或想像力浮現的情感、直覺、願景和感受。

聖杯侍衛是年輕或朝氣蓬勃的詩人、藝術家或夢想家，也可以是兒童、年輕人或精神上很年輕的成年人。這個人敏感、情緒化，且直覺敏銳。一般而言，他們富有想像力，充滿敬畏之情。然而，聖杯侍衛也可能很天真，而且可能暗示這個人或許需要成長。

侍衛可能代表如上所述的個性或性格特徵，或是一則訊息。聖杯侍衛表示你可能很快會收到關於愛情或創造力的消息，比如來自愛人的消息、你的作品受到好評的消息，或是可帶來新靈感的資訊。

逆位

逆位的聖杯侍衛代表天真、不負責任和衝動的人。他們太沉浸在自己的情緒中而沒有注意到身邊的人。他們不是會因此讓你失望，就是會鼓勵你也這麼做。

如果你發現自己呈現了這些特性，請帶入聖杯侍衛的正位特質：創造力、敬畏和開放。運用這些特質來幫助自己學習和成長，而不是沉浸在你對這些特質的想法中。

象徵意義

杯中浮出的魚｜潛意識中浮現的夢幻形象和情緒、生育力（異教）
睡蓮｜情感上的純潔
起伏的波浪｜感情充沛
粉紅色｜愛
藍色｜靈性

聖杯騎士

占星學 水瓶座、雙魚座

關鍵詞 浪漫、理想主義、熱情、靈感

聖杯騎士象徵浪漫、充滿激情的體驗。你可能會收到浪漫的求婚、遇到新的情感對象、旅行、結交新朋友，或是因某個創意計畫而極度興奮。

聖杯騎士很迷人、善於交際，而且很好相處——至少表面上是如此。他們是理想主義者，但當有人或情況為他們的理想帶來挑戰時，他們很容易受傷或不耐煩。如果你是這次解讀中的聖杯騎士，請考慮如何用你的行動實現想法，用你的熱情驅使自己度過尷尬的摸索時期。

如果聖杯騎士指的是你生活中的某人，請享受這位聖杯騎士的開放，但要留意你是否可以真正信任這個人。聖杯騎士並不總是能夠實現自己的理想。任何時候當有騎士出現在占卜中時，可看看騎士是否面對著另一張牌。騎士面對的牌可以幫助顯示騎士的能量指向的方向，或是你應該期望騎士的能量在生活中展現的領域。

逆位

逆位的聖杯騎士代表你或相關情況的潛在特質，你正因退縮而不採取行動或表達情緒。你的情感、創意或靈性生活出現障礙。多表達自己的感受並根據自己的想法採取更多行動，可以緩解這種障礙。

障礙的根源可能是被拒絕或失望的感覺，或是害怕被拒絕。你可能堅信自己的關係符合浪漫的理想，害怕接受有缺陷的伴侶，或害怕暴露自己的缺點。別讓恐懼阻礙你接受和給予愛。

逆位的聖杯騎士也可能在提醒你，你或你的情感對象正展現出占有慾。請解決這個議題，這樣你就不會繼續為生活中的愛帶來限制。

象徵意義

有翼盔甲｜荷米斯，訊息與溝通、旅行和過境之神

紅魚｜熱情

河｜生育力、情緒流動

聖杯王后

占星學 雙子座、巨蟹座

關鍵詞 滋養、療癒

聖杯王后拿著聖杯的方式顯示她對養育生命的崇敬。聖杯王后可能代表你自己充滿愛心的天性、母親的形象（適用於任何性別），或是生命中破滅的希望能夠得到治癒的時期。

聖杯王后富有同情心。他們能夠讓與交談的人感到受重視。通情達理的聖杯王后會滋養他人，並幫助他們成長。這個人優雅地保留空間給所有的情緒，允許深度的脆弱。你與聖杯王后相遇的體驗——或是如果你是聖杯王后，你與他人的互動——會是一種救贖。聖杯王后是治療師、母親，或任何為了個人和社群的成長和愛而深入體驗的人。

逆位

逆位的聖杯王后忘了愛自己。他可能會患上憂鬱症或將自己視為受害者，逆位的聖杯王后可能會情緒化地操縱或耗盡精力。如果這描述的正是你，請不要忽視你的真實自我。請了解並信任人們重視你的同情心、治癒力和滋養人心的特質。

象徵意義

有蓋的金色聖杯｜子宮、靈性、信仰
小美人魚｜水中嬰兒、子宮中的孩子
鵝卵石｜精鍊的點滴智慧、豐盛（由重複的鵝卵石圖案表示）

聖杯國王

占星學 天秤座、天蠍座

關鍵詞 平靜、可以傾訴心聲的人

聖杯國王代表情緒平衡。聖杯國王靜靜地坐在石製王座上，身處波濤洶湧的大海之中，在壓力下保持冷靜和鎮定。如同聖杯王后，聖杯國王富有同情心且毫無保留。皇后的愛極度療癒人心，而國王的愛則更加慎重、穩定和得體。聖杯國王是父親的形象（適用於任何性別），提供令人安心傾訴心事的肩膀。在職業方面，聖杯國王遵循他們直覺的道德羅盤，已成為該領域的大師。

你可能體現了聖杯國王的特質，或在生活中體驗到這些特質——提供或接受穩定、不加評判的愛，或是以冷靜、審慎的

方式遵循你的直覺——也或許這張牌可能指的是你生活中體現這些特質的人。這個人可能已經成為你生活的一部分，或是你可能即將見到他。

聖杯國王必須確保經常與自己信任的人一起處理、表達他們的情緒。否則，他們可能會過度壓抑自己的情緒，而無法保持人們期望的泰然自若。這可能會導致壓力、冷漠或羞愧。

逆位

逆位的聖杯國王在不安全感、羞愧或仇恨中掙扎。他們可能會用成癮的方式幫助自己度日。在最低潮的時期，他們會背叛所愛的人。如果這描述的正是你，請處理情緒平衡。

象徵意義

海螺貝殼寶座｜堅固、穩定、在波濤洶湧的水域中提供保護；特里頓（Triton），希臘海神。

魚｜信念、繁榮、熱情

水母皇冠｜平靜，因為水母仰賴水流的帶動，接受並信任水流。

小阿爾克那：錢幣牌

錢幣最根本的意義就是金屬貨幣，它們代表金錢、資源、財產、土地，以及我們用於創造的原料，與安全感、家庭及大自然有關。它們代表商業和工作，尤其是與土地、財產或資源直接相關的工作，例如農民、小販和雕塑家。與錢幣相關的元素是土。

錢幣王牌 Ace

數字 1 一體性、開端、力量

占星學 土象星座：金牛座、處女座、摩羯座

關鍵詞 完美、滿足、繁榮

　　錢幣王牌代表繁榮、可能性和新生活的開始。這種新生活可能確實指新生命的誕生，或是因晉升而有了新的轉機、展開新的職業、搬新家，或是收到意想不到的禮物、貴重物品，或是意外之財。

　　作為靈性和物質豐盛的象徵，錢幣王牌可能代表讓你可以自由追求和體現創造力、愛、靈性和理想的身體健康、滿足、財富、收入、獎勵、金錢和物質資源。你最近有什麼新的機會和資源？這樣的豐盛支持你實現哪些夢想或人生目標？

逆位

　　逆位的錢幣王牌代表財務上的失落。你體驗到正位意義的繁榮，但卻不快樂或無法持久穩定。你的獲利短暫且令人不滿意。逆位的錢幣王牌也可能顯示對金錢懷有不健康的情緒、管理不善、浪費，或不知變通的財務期望。你能如何與金錢建立更健康的關係？

象徵意義

花園｜庇護所、休息和反思、純樸和豐富
花園牆｜安全與保護
錢幣｜世俗和身體
山峰｜抱負

錢幣二

數字 2 二元性、平衡、選擇、伴侶關係

占星學 木星摩羯

關鍵詞 雜耍、平衡

　　錢幣二中的人物同時耍著兩枚錢幣，兩枚錢幣代表生活中兩個不同的領域。這張牌和工作與生活的平衡有關，你必須處理生活中的各種元素或過著雙重生活，例如同時進行兩項截然不同的工作或擁有兩名情人。生活的動態性質為你帶來活力，讓你持續興致勃勃。

　　二也是代表選擇的牌卡。你可能正在決定要如何度過自己的時間和管理金錢。此時你可將平衡及和諧作為優先考量。

錢幣王牌

ACE of PENTACLES.

錢幣二

錢幣三

逆位

逆位的錢幣二暗示生活中的某些事物已失去平衡，你感到精疲力盡且不知所措，或是所過的雙重生活並不符合你的價值觀，或與所有相關人士的幸福有所抵觸。工作與生活之間的平衡是否讓你痛苦？你是否有外遇？在你以為自己知道怎麼樣對相關的每個人都好時，請務必小心。無論是你造成還是允許這種不平衡，或是你生活中的某人或某種情況是否占用太多的時間和資源，請想辦法恢復平衡。

象徵意義

紅色高帽｜一個人的腦袋中可以同時容納多種想法
船｜商業、財富
海浪｜活動

錢幣三

數字 3 綜合、創造力、動態平衡

占星學 火星摩羯

關鍵詞 有意義的工作、合作、聲譽

錢幣三顯示一名在大教堂工作的石匠正在與一名修道士和一名主教商談，而後者拿著石匠的工作藍圖。憑靈感創作的石匠塑造了耐用、世俗的形式和物質，以符合靈性的願景和真理。

在你的生活中，這個原型可能會展現為有意義且持久的合作、計畫或事業。你已準備好運用自己的技能和天賦在大眾面前大放異彩，並透過與他人的合作來實現更大的目標。錢幣三所顯示的任何計畫都會使身心靈保持一致。這項計畫是公開且容易理解的，而且取得了廣泛的認可並帶來持久的效果。你正在進行什麼有意義的計畫？你和誰合作來達成遠比自己的目標更遠大的計畫？

逆位

逆位的錢幣三可能代表單調乏味和平庸，尤其是在職業和 / 或精疲力竭和倦怠方面。請思考扭轉局面的方法。

象徵意義

工作檯｜藝術性提升、帶入比自己更高的意識
修道士｜靈性、終身職業
主教｜指導
大教堂｜身體的聖殿

石造部分｜靈性、公開、容易理解且持久的計畫

錢幣四

數字 4 物質成就、結構、秩序

占星學 太陽摩羯

關鍵詞 安全、吝嗇

錢幣四顯示一名守財奴緊抓著他們的財富。守財奴的精力和注意力都花在用腳踩住錢，將錢頂在頭上，而不是投入於有意義的計畫或關係中。因此，緊抓著擁有的事物不放是這張牌的主題。四號牌是代表穩定的牌卡：你認可保護財產和妥善管理金錢的價值。如果你曾經歷貧困或不負責任的消費時期，那麼在你新建立的經濟穩定中站穩腳跟便可能很重要。

然而，無論你是出於負責還是貪婪而緊抓著資源不放，都不要讓自己陷入動彈不得的局面。財產、金錢、時間與其他資源都應該在人與人之間流動。在運用這些資源時也應該尊重有生命的大地，而不是進行不必要的開採或囤積。

逆位

逆位的錢幣四代表確實需要精打細算或極端吝嗇的態度。如果你失業，或正在處理意料之外的大筆開銷，目前請盡量存錢，而不要浪費或草率對待你擁有的事物。另一方面，如果此時你可以更敞開心扉和慷慨大方，分享擁有的事物會為你帶來快樂。

象徵意義

灰色的天空和地面｜不安全感
城市｜對城市的關注和物質享受，而非與家庭或大地的連結。
頭上的錢幣｜因金錢帶來的擔憂

錢幣五

數字 5 變化、挑戰、不確定性、調解

占星學 水星金牛

關鍵詞 艱困、社群韌性

錢幣五中的人物赤腳在雪地中艱難地前進，逆風而行。其中一人受傷了。他們衣衫襤褸，很可能因為受寒而生病。經濟困難、貧困、損失和匱乏是這張牌卡的主

題，而困境也帶來疾病和憂鬱的危害。

然而，與錢幣四的孤獨守財奴形成鮮明對比的是，這張牌卡中的人物團結在一起，他們會互相鼓勵，並分享所有的金錢或食物。這張牌強調，儘管你可能會因為悲傷、貧窮或失去家園而感到被社會排斥，但你並不孤單。你感到與同樣處境的人有強烈的連結，而這些人將成為未來長期的朋友。

只要你持續照顧自己和你的社群，情況就會改變，你們將會互相鼓舞。在心中保持希望和愛，選擇直覺或信念的途徑將讓你留心適合自己的機會。請持續盡力而為，錢幣六的健康和慷慨很快就會到來。

逆位

逆位的錢幣五代表從疾病、情感失落或經濟損失中恢復。你做了什麼來幫助自己扭轉命運？請持續在健康和金錢方面保持努力。你的康復掌握在自己手中。

象徵意義

脖子上的鈴鐺｜隔離（與麻瘋病有關）
彩繪玻璃窗中的金錢樹｜專注於生存；致富的機會遙不可及

錢幣六

數字 6 和諧、融合、順從

占星學 月亮金牛

關鍵詞 慷慨、社會正義

錢幣六的意義包含慷慨和慈善。儘管貴族給乞丐幾枚硬幣並非真正或持久的財富或權力再分配，但這張牌卡的精神在此被詮釋為社會正義。

這表示你已經達到一定程度的經濟穩定，因而可展現慷慨大方，又或者你是他人慷慨大方的接受者。6 代表和諧與平衡，如果你收到錢，請用來平衡自己或他人的財務狀況，而不是將錢浪費在不重要的地方。這筆錢來自關心你是否過得安好的人。如果你正在為有需要的人提供資源，這張牌鼓勵你充分了解情況，才能發揮有效且正面的影響。

儘管錢幣六有時代表難以察覺、象徵性的慈善活動，但這張牌的精神描述了人與人之間實現真正資源平衡，以及有節制地使用資源，以便與地球和諧相處的行為。

逆位

　　逆位的錢幣六顯示你將某人的慷慨視為理所當然，或是其他人對你的慷慨不屑一顧。請妥善照顧你的資源，珍惜你所擁有的，感謝你所擁有的，不要讓你的財物在實際上或象徵意義上被偷走。

象徵意義

秤｜公平、平衡

灰色的天空和地面｜不確定性、貧困

錢幣七

數字 7 靈性、考驗

占星學 土星金牛

關鍵詞 投資、不確定性、耐心

　　錢幣七顯示有位農民對他們的收成有些不安。他們看著作物，彷彿希望它們生長。

　　錢幣七表示你已經在一個目前處於中期完成階段的計畫上投入了大量的時間、精力和資源，你不確定該計畫會成功還是失敗。你已經走得太遠，如果失敗了，你會非常失望和茫然。所幸錢幣七向你保證，只要持續朝著目標努力，你的計畫肯定會開花結果。

　　這張牌卡教導你要有耐心，提醒你只要積極努力改進，最終情況並不會變得更糟，而且付出的努力總是會讓你學到東西，即使你學到的未必符合你的期望。

逆位

　　逆位的錢幣七表示你可能拒絕檢視你的財務狀況，或是你正避免對重要計畫的進度進行實際的確認。無論你是拖延還是否認手邊情況的重要性或後果，都請好好審視自己的情況。請評估目前的進展，並留意任何的警訊或問題。採取必要的行動或調整會讓一切變得更輕鬆。

象徵意義

山｜目標、憧憬

灰色天空｜不確定性

錢幣四

錢幣五

錢幣六

錢幣七

錢幣八

數字 8 領航、繁榮、權威

占星學 太陽處女

關鍵詞 努力工作、專注、教育、訓練

錢幣八代表努力工作。錢幣八中的人物正埋頭苦幹鍛造錢幣，名副其實地在賺錢。

如同工匠或學徒（即使你實際上並非工匠或學徒），你專注於手邊的任務，相信在進行這項工作時，也正在為未來奠定基礎。由於現在的努力，你最終將能有所成，並讓生活變得更穩定也更寬裕。你技術純熟地工作，正在朝錢幣九的輕鬆和奢華而努力。

逆位

逆位的錢幣八代表你不是過度努力，就是努力不足。你可能不滿意自己的工作，或是你的工作不適合你。你對這條職業道路缺乏熱情，導致你似乎必須對你的訓練或工作付出不合理的努力。或是你可能走在正確的道路上，但卻不願意為了實現目標而投入必要的努力。如果你確定自己正走在錯誤的職業道路上，或是從事的計畫並不適合，請改變方向。

象徵意義

工作檯｜工藝、藝術性
（掛著錢幣的）樹幹｜成長
（工作檯下）棄置的錢幣｜完美主義
紅色｜活力
藍色｜明確的目的
黑色的工作圍裙｜保護

錢幣九

數字 9 完成、沉思、實現目標

占星學 金星處女

關鍵詞 退休、繁榮、舒適

錢幣九代表你能夠過著理想生活的人生時期。這張牌經常代表退休，但也可以包含任何你有足夠的富裕和時間，來安排自己的行程和悠閒享受；以及你有足夠的經驗和自我認識，知道自己需要什麼，想如何度過自己的時間，以及如何按照自己的價值觀生活等狀況。你很聰明而且很成功，可以奢侈地享受成就的果實，尤其是透過生活方式和改善、美化或享受你居家

的舒適。

　　錢幣九暗示你可以享受屬於自己的時間。這可能是在一段時期或一生的努力工作，例如這張牌之前的錢幣八之後的時期。你也可能專注於享受原本就喜歡的地方和活動，而不是探索新的選擇。

　　請務必釐清為何獨處的時間對自己而言很重要。你是在培養內心的平靜和滿足，並享受應得的休息，還是你實際上普遍不信任他人並避免互動，尤其是那些與自己的社會階層不同，可能會挑戰你的世界觀的人？這張牌的潛在挑戰是孤獨。

逆位

　　逆位的錢幣九表示即使過著較奢華的生活，你還是孤獨的，甚至可能憂鬱。你可能已經將大部分時間都投注在事業上，現在正為自己沒有花更多心力來培養人際關係而感到遺憾。請記住，改變人生的方向、讓生活充滿愛，並發展有意義的人際關係永遠不會嫌太晚。

象徵意義

花園｜庇護所、休息和放鬆、豐盛
花園牆｜安全與保護
蝸牛｜家

葡萄｜勞動成果
獵鷹｜閒暇、高雅；訓練有素的鳥代表有紀律的頭腦
城堡莊園｜安全
黃色天空｜意識、喜悅

錢幣十

數字 10 頂點（成功或困難）、開始和結束

占星學 水星處女

關鍵詞 世代、社群資源、基礎

　　在錢幣十中，我們看到了三代同堂的幸福家庭和兩隻寵物狗，在穩固的大家庭中既安全又舒適。在這張牌中，資源是世代累積的，但錢幣十也可以代表社群成員為社群帶來豐富的靈性、物質資源或各種技能。

　　錢幣十表示你正在社群內提供或接受支持，或是你正在參與社群，例如透過結婚進入新家庭、被學術機構錄取，或成為任何其他多世代團體的一分子。

　　這張牌圖像中的錢幣排列成生命之樹的形狀，代表透過家庭或社群的支持，你擁有實現物質和靈性理想的基礎。

逆位

　　逆位的錢幣十呈現幾代家庭或社群之間的不平衡、緊張或公開衝突，可能是出於金錢、財產、遺產、傳承或價值觀上的差異。然而，在這種情況下，團結可能會比分開更能讓你的家庭保持精神上和物質上的穩定。

象徵意義

塔｜安全和保護；性和生育
一家之主的葡萄藤披風｜勞動成果、錢幣國王
灰狗｜貴族階級、高貴
（刻在柱子上的）秤｜平衡、和諧
生命之樹｜基礎靈性領域和途徑

錢幣八

錢幣九

錢幣十

錢幣侍衛

占星學 土象星座：金牛座、處女座、摩羯座

關鍵詞 學徒、勤奮、敬畏、關於金錢的好消息

錢幣侍衛是某種學徒。他們正在學習新技能，對自己的任務感到敬畏且受到鼓舞，正如同這位侍衛臉上所展現的驚奇表情。侍衛是年輕人或精神上很年輕的人。錢幣侍衛剛開始發展某項特定的技能、職業或學科。他們正在接受訓練以發展才能，或是正在學習一項職業。

錢幣侍衛非常勤奮。因此，在此時請處理實際的問題。務必確保你生活中的各種物流安排都能順暢運行：順利支付帳單、妥善維護財產，以及安排行程。如果錢幣侍衛代表的是你，你可能會對繁榮的事業抱持著樂觀態度，而這將來自這段時期的訓練，以及生活中物流細節的安排。

當錢幣侍衛代表使者或消息，而非指人物性格或影響力時，這位侍衛預測你將收到與金錢、職業或教育相關的好消息。

逆位

逆位的錢幣侍衛較不勤奮，而且更追求物質或浪費。你或其他人（例如你的孩子）是否對財產或金錢不負責任？逆位的錢幣侍衛可能會帶來不受歡迎的財務消息，或關於財產的不愉快消息。請準備好善用錢幣侍衛正位的特質，讓自己保持正向，並讓事物重新回到正軌。

象徵意義

原野｜生育力、成長
山｜憧憬
紅色｜活力
綠色｜學習

錢幣騎士

占星學 獅子座、處女座

關鍵詞 供應者、負責、建構、安全

當錢幣侍衛在他們的行業或研究領域獲得一定程度的熟練後，就會畢業而成為錢幣騎士，即在工作或責任方面具有強烈目標感的人，但因尚未充分掌握他們的技藝，因而還無法成為錢幣王后或國王。這

錢幣侍衛

錢幣騎士

PAGE of PENTACLES.

KNIGHT of PENTACLES.

QUEEN of PENTACLES.

錢幣王后

KING of PENTACLES.

錢幣國王

是一段成功和反覆嘗試的時期,但整體而言,錢幣騎士具有強大的長期願景。頭盔和馬頭上裝飾的橡樹葉提醒我們,正如橡實掌握著整棵楓樹的藍圖,錢幣騎士能夠以信心和耐心播下成功的種子。

錢幣騎士正在建造些什麼。你或生活中的某人正在勤奮工作,無論是真的在建築或房地產領域,還是在如金融等其他領域。如果錢幣騎士代表的是你,表示你正有條不紊地提升技能或知識、擬訂計畫、尋找或保護家庭,或是正在建立事業或收入。

錢幣騎士以個人或夥伴的身分承諾成為供養者(與掌管金錢和物質照顧的錢幣國王相較下,他們是正在成長中的未來供養者)。他們關注的是穩定和安全,而且會提前做好一切的規劃。請注意,這位騎士的耐性可能會傾向變得慣性和固執。

逆位

逆位的錢幣騎士強調了這名正位騎士的負面極端特質:慣性和固執。逆位的錢幣騎士過於憤世嫉俗和謹慎,因而無法激勵自己做任何事。他們也可能對自己的金錢非常吝嗇。正位的錢幣騎士是供養者和保護者,而逆位的錢幣騎士則忽略了對生活中其他人的關心,專注於物質慾望,或是在某些情況下會讓自己的財產、資源和事業受忽視。

象徵意義

橡樹葉|結實的樹木始於種子
黑馬|保護
黃色天空|理性
酒紅色|穩定而低調的力量和生命力

錢幣王后

占星學 射手座、摩羯座

關鍵詞 足智多謀、務實、慷慨

錢幣王后足智多謀且務實。他們可能是商人、企業家、家庭主婦或主夫,或是從事任何涉及實際、親自動手或財務技能的職業。他們喜歡將自己的財富投入在美的體驗中,並透過慈善或慈善事業來支持他人。錢幣王后具有調動資源的本領,可以讓所有相關人士都感到安心踏實且受到支持。

錢幣王后表示你在經濟上寬裕、慷慨且務實,或是受到具有這些特質的人所支持。如果你是錢幣王后,你會找到實用、

慈愛的方式來照顧身邊的人。你將注意力擺在家中的細節，讓家成為訪客的避難所。在極端情況下，錢幣王后更重視秩序，而非創造力或無條件的愛。

逆位

逆位的錢幣王后不再是貴人，而是依賴者。他們可能會忽視自己擁有的資源或是管理不善，甚至變得負債累累。逆位的錢幣王后也可能過度履行自己的職責，照顧了每一個人，唯獨忽略了自己。如果你感覺受到忽視或對你在意的人不滿，請退後一步思考並問問自己，你是否有負起責任好好照顧自己。請記住，在身心健康且頭腦清醒時，你才能提供最完善且最慈愛的照顧。

象徵意義

兔子、鮮花盛開｜春季、生育力、幸運
梨｜生育力
石製山羊頭｜勤勞務實的摩羯座；牧神潘（世俗的感官享受）
黃色天空｜理性
山｜憧憬

錢幣國王

占星學 牡羊座、金牛座

關鍵詞 供應者、確立、安全

錢幣國王與皇后在許多方面都很類似。他們都擅長土地、金錢或財產領域等事務，而且都慷慨地投入時間和物質資源。主要差異在於國王重視安全，並利用他們的資源管理技能來提供和保護每個人的安全，而皇后則提供支持多於保護。皇后的行為較個人化（他們是園丁），而國王的行為則較系統化（他們經常管理農業）。

錢幣國王是管理資源（包括金錢和時間）的專家。這位國王將熟練的管理技巧應用於成為他們家庭的供養者。

儘管錢幣國王認為他們保護家人安全的角色很有意義，但失衡的錢幣國王會過度保護自己的財產、界限和家庭。

逆位

逆位的錢幣國王已經忘記妥善管理資源的目的。他們沒有供養家庭和團體，而是不顧道德，為自己追求更多財富。由於他們過度執迷物質利益和炫耀，可能會煽

動他人進行腐敗的行為,或不明智地投入
賭博,而讓自己深陷於債務之中。

象徵意義

葡萄和葡萄藤｜勞動成果、豐盛
牛頭｜金牛座
右腳踩在野豬頭上｜壓抑動物本能
盔甲｜戰士
皇冠上的鳶尾花飾｜古埃及的生育象徵
黑袍｜保護
城堡｜要塞、安全
地球權杖｜世俗的統治權
月桂花環｜勝利、力量

小阿爾克那：寶劍牌

寶劍代表心智、思想和智力的領域。寶劍和心智都是用來爭奪控制權的工具。這個牌組代表敏銳的思維和批判性思維能力，以及生活中實際的人際衝突。寶劍的特性包括攻擊性、痛苦和焦慮，但也有理性、清晰和客觀。寶劍主宰著溝通、意識形態和固定的思考模式。與寶劍相關的元素是風。

寶劍王牌 Ace

數字 1 一體性、開端、力量

占星學 風象星座：雙子座、天秤座、水瓶座

關鍵詞 智力、成功、決定

寶劍王牌代表智慧的無限力量有機會來到你眼前，而這讓你可將智慧的能量轉化為偉大的成果。

在寫作、出版或涉及才思敏捷的領域，機會已來到你身邊或即將降臨。這個機會預示著成功、勝利感，以及成為該領域領導人的可能。你現在做出的決定和採取的行動將改善你的生活和心理狀態。請相信你即將感受到的可能性。

逆位

逆位時，寶劍王牌的樂觀自信轉變為衝突和破壞性地濫用力量。請留意你想和激怒自己的某人鬥爭或削弱他力量的衝動。請聽從你的良心，讓你的心引導自己。

象徵意義

王冠｜神聖力量
月桂花環｜勝利
紫荊花環｜智慧
山｜憧憬

寶劍二

數字 2 二元性、平衡、選擇、伴侶關係

占星學 月亮天秤

關鍵詞 優柔寡斷、猶豫不決、直覺

寶劍二代表優柔寡斷或陷入僵局。你正面臨艱難的抉擇，因為任何一個選擇都會帶來痛苦。蒙眼代表無法使用視覺或理性思維來衡量選擇。夜空和月亮表示你必須向內尋求答案。

請好好等待。要有耐心，讓答案透過你的直覺或外在生活向你揭示。你可能必須暫時讓事情懸而未決一段時間。

逆位

逆位的寶劍二表示判斷力不佳，而且正在做出錯誤的選擇。你只是選邊站，而不是選擇解決方案。你可以做出理性的決

寶劍王牌

ACE of SWORDS.

寶劍二

寶劍三

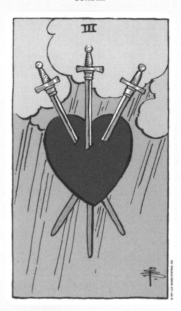

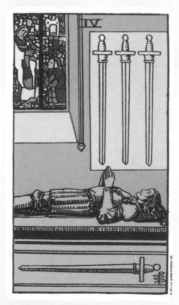

寶劍四

寶劍五

定或找到解決方案，但你已經決定反抗。逆位的寶劍二也可能表示你在遲疑了一段時間後，終於下定決心。在夥伴關係中，逆位的寶劍二暗示著操控、欺騙，甚至是根本合不來。

象徵意義

蛾眉月｜成長、新的開始、重新出發
多岩石的水域｜情緒低落
蒙眼｜用理性思維無法獲得該情況的解答
夜空、月亮｜直覺

寶劍三

數字 3 綜合、創造力、動態平衡

占星學 土星天秤

關鍵詞 悲傷、心碎、情感宣洩

寶劍三是代表悲傷和受傷的牌卡。或許你已經歷了心碎。你的創傷是由與寶劍牌組相關的議題所造成的，例如溝通、意識形態、固定的思考模式、好勝心或挑釁。你可能已經受到攻擊，或是最近面對痛苦的真相。

這張牌上的傾盆大雨顯示，至少你可以將這樣的痛苦表達出來。表達痛苦可帶

來解脫、情感宣洩，而這樣的悲痛可以讓你與親人建立情感聯繫。寶劍三鼓勵你不要壓抑自己的情緒，而是要表達出來，才能加以釋放。這張牌向你保證，釋放情緒會給你必要的力量和清晰的視野來擺脫自己的處境。

逆位

逆位的寶劍三和正位一樣，都象徵著損失和痛苦。然而，與正位的寶劍三相較之下，這種疼痛較輕微或沒有那麼極端。這裡描述的痛苦可能是由寶劍的極端特質所引起，例如過度思考、脫離現實或情感隔絕。

象徵意義

灰色天空｜心煩意亂
雨｜情感宣洩、解脫、淨化

寶劍四

數字 4 物質成就、結構、秩序

占星學 木星天秤

關鍵詞 恢復、休息、反思

中世紀歐洲，騎士在出征前為自己打

造棺材的情況並不少見。如果活著回來，他真的會造訪自己的棺材，並花時間躺在裡面。這麼做的目的是沉思生與死和命運帶來的機會。我們看到寶劍四描繪的正是這樣的景象。如同棺材裡的騎士，這張牌表示你可能正在努力解決生存議題。

寶劍四代表需要從創傷（例如前一張牌：寶劍三的心碎）、意外或疾病中恢復。你可能在為自己的信念而戰或做自己喜歡的事情時受傷。這是休息和恢復的時期。盡量不要浪費精力來抗拒你需要休息的需求，請讓自己有時間痊癒。

逆位

逆位的寶劍四表示你需要大量休息或長時間的恢復。你可能需要請假，並花更多時間休息，才能讓自己逐漸恢復狀態。如果你無法獲得喘息的機會（可能是因為你對親人負有龐大的責任），請透過信仰和靈性尋求答案和勇氣。

象徵意義

棺材｜死亡、休息
彩繪玻璃窗｜描繪家人與家庭；對聖地的聯想

寶劍五

數字 5 變化、挑戰、不確定性、調解

占星學 金星水瓶

關鍵詞 衝突、失敗、潰敗

寶劍五象徵衝突、缺乏運動家精神和不公平的優勢。這張牌通常被詮釋為失敗，例如與家人吵架吵輸了，或與不公平的老闆或制度抗爭，但寶劍五也可以解釋為你才是那個壓制別人或過度爭強好勝者。

在這張牌中，擊劍決鬥的勝利者得意洋洋地回頭看著被他擊敗的兩個人。一個人抱頭不願意面對現實，另一人則沮喪地離去。寶劍五表示惡意的贏家和難堪的輸家。這種局面隱含著失敗和成功的嚴酷二分法，驅使失敗的一方屈於沮喪，而勝利者則幸災樂禍且自滿。這種心態忽視了我們彼此相連的現實，並抑制了學習和成長所必需的探索、脆弱和玩樂感。這張牌卡的局面透露出不公平和嚴酷，削弱了情感連結和創造力。

逆位

逆位的寶劍五強調了眼前競爭的不公

平，可代表霸凌或欺壓情況中的任何一方。無論如何，請找到建設性的方法來處理自己的憤怒或失望。如果你是處於優勢的一方，請不要沾沾自喜或繼續抗爭。如果你發現自己陷入一場自我中心，而且與你無關的鬥爭中，請想辦法從這種情況中抽離。

象徵意義

鋸齒狀的灰雲｜破裂
紅色｜活力
綠色｜缺乏經驗
波濤洶湧的水｜不穩定的情緒

寶劍六

數字 6 和諧、融合、順從

占星學 水星水瓶

關鍵詞 旅行、展望、繼續前進

　　寶劍六表示從日常生活中抽離，可能是透過旅行，但也可能只是單純休息一下，或是從悲傷或困難的關係中走出來。這段旅程或持續前進的時間可讓你擺脫對生活細節的狹隘關注，並為你提供唯有保持距離才能帶來的視角。新視角為你帶來

平靜與和諧，也會激發你對自己價值觀和生活方式的反思。這趟旅程帶來放鬆和靈性的感受。

　　這張牌顯示一名成年人和一個孩子正坐船渡過水域。水只在船的一側泛起漣漪，反映出你對生活中日常的騷動抱持著平靜或平和的態度，因為你在旅行或度假，或是正在靜觀其變。

逆位

　　逆位的寶劍六表示難以擺脫或逃離困境。你可能感覺受困和沮喪。逆位的寶劍六建議你重新考慮自己一直關注的道路是否方向正確，現在是否真的是離開的時候。當下可能有人需要你，而目前的處境或許還會讓你學到更多。

象徵意義

淺灰色天空｜中立
平靜的水｜寧靜的心靈
波動的水面｜困難或悲傷

寶劍七

數字 7 靈性、考驗

占星學 月亮水瓶

關鍵詞 偷偷摸摸、算計、偷竊

寶劍七顯示一個人帶著一捆寶劍偷偷溜走。這個人非常機伶、聰明，而且難以捉摸。這個人會運用智力來了解涉及的情況、事態發展，以及人物性格，並帶著他想要的事物脫身。視情況而定，這個人可能會委婉或自私地避免對抗，也可能會運用智力來戰勝權威人物，讓自己擺脫受壓迫的處境，或是可能撒謊、逃避或偷竊。

請仔細檢視你獲得想要事物的方法。你是憑良心行事嗎？為何害怕被發現？

這張牌還有一個更抽象但也更有趣的意義是：你正在悄悄脫離規範或自己內心的批判，以變得更真誠或更有創造力。

逆位

逆位的寶劍七表示你正在進行不道德的事，請重新考量你的選擇。逆位也可能表示你正在與不誠實、不值得信任的人打交道，請務必要查核事實並追究責任。

象徵意義

帳篷｜短暫、無常
黃色｜意識、光天化日之下偷偷溜走

寶劍八

數字 8 領航、繁榮、權威

占星學 木星雙子

關鍵詞 癱瘓、束縛、排斥

寶劍八代表癱瘓。就像這張牌卡中被蒙住雙眼且受到束縛的人物一樣，你可能會覺得被太多的選擇（由插在泥裡的八把劍為代表）所困，這一切似乎都是浪費時間或情況荒謬。可能出於壓力和過度思考，你感到自己不被支持，而且無法分辨自己該走哪條路；又或者是其他人似乎掌控了你的命運，他們對你的處境瞭若指掌，但你自己卻沒有意識到。

如果你處於寶劍八所描述的情況中，你可能會感到走投無路，因此唯一的出路就是善用創造力和愛來超越自己陷入的窠臼。偉大的發明、社會運動和藝術作品往往是在危急的情況下所催生的。

逆位

逆位的寶劍八更強化了正位的意義。你不是發覺自己極度無能為力，就是因羞愧、罪惡感或懊悔等情緒而不斷在優柔寡斷或孤立的精神狀態之間擺盪。請再度為你的創造力和愛找到釋放的出口。然而，在某些情況下，逆位的寶劍八代表從束縛中解脫。

象徵意義

淺水、水坑｜膚淺、被困在表面或情況之外

遠方的城堡｜被文明所拋棄

紅色｜活力；受限的生命力

寶劍九

數字 9 完成、沉思、實現目標

占星學 火星雙子

關鍵詞 焦慮、恐慌、失眠

寶劍九描繪了一個沉浸在焦慮中的人物，因憂慮而徹夜難眠。這張牌代表恐慌、失眠和做惡夢。這張牌中的人並沒有直接陷入危險的處境，而是可能正經歷創傷後壓力，或是因擔心他們自己或所愛的人會發生什麼事，而被恐懼所淹沒。

寶劍牌組帶有抽象的能量。你的恐懼、無知或無力干涉等感受因孤獨而更加劇，而這些感受在此時可能會使你喪失活動力。此外，你的內心可能正在掙扎。你可能會沉浸在過去的失敗中，甚至可能對生活中當前的問題視而不見。是什麼煩惱讓你徹夜難眠？不管是什麼情況，請盡你所能讓自己保持理智並感受連結。

逆位

逆位的寶劍九向你保證，你已經歷了精神上極度痛苦的最低潮，最糟糕的時期已經過去。整體來說，這段時期的焦慮不會對你的生活帶來持久的負面影響。

象徵意義

被子上的 12 星座符號｜生活中許多領域的煩惱

紫色床墊｜直覺（在此為抗拒床墊的舒適）

玫瑰｜熱情、強烈的擔憂

寶劍六

寶劍七

寶劍八

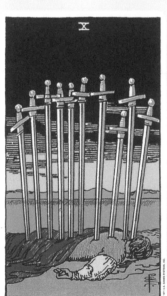

寶劍九

寶劍十

寶劍十

數字 10 頂點（成功或困難）、開始和結束

占星學 太陽雙子

關鍵詞 背叛、暗箭傷人、釋放

寶劍十畫面中的人物背部已經中劍。如果這張牌代表的是你，那表示有人出於仇恨、嫉妒或報復而背叛或攻擊你。對你的報復很可能是因為你不守成規而引發的。你對身邊的人有重大影響，你的言行舉止促使人們正視自己。攻擊或背叛你的人不喜歡他們向內探索時的發現，因此怪罪於你。

這是可怕的考驗，但請不要忽視你因遵循自己的信念而對世界帶來的正面影響。要知道，從現在開始，事情只會變得越來越好。請信任這個考驗是讓自己脫離這個人的毒害，並讓他離開你生活的時期。與其預期類似的狀況再度發生，不如選擇讓你的韌性帶著你持續向前邁進。

逆位

逆位的寶劍十表示你可能至少要為事情的糟糕發展負部分責任。逆位也可能顯示這種局面還會帶來更多後果。儘管如此，開始彌補或掌控生活的方向永遠不會太晚。

象徵意義

（祝福）手勢｜對社會的影響
黑色天空｜受人遺忘
閃閃發光的黃色天空｜一線希望
流動的血液｜釋放、排毒

寶劍侍衛

占星學 風象星座：天秤座、水瓶座、雙子座

關鍵詞 聰明、爭強好勝、微不足道的打壓、實用資訊或合約

寶劍侍衛的主要特質是他們能夠將充滿挑戰或衝突的緊張局勢轉化為機會。他們聰明、機智、有策略，能夠好好傳達自己的想法。他們野心勃勃，儘管有時可能很膚淺。

寶劍侍衛可能指的是你自己的特質，或是指具有寶劍侍衛特質的人目前對你生活的影響。侍衛是學習該牌組領域的新手。由於寶劍牌組代表心智、思想和知性，寶劍侍衛是聰明的年輕人（或內心年輕的人），對於特定情況的權力動態具有驚人的感知能力。他們的這項技能還不夠純熟，但有時也正因如此，他們的感受才會如此唐突且令人震驚。寶劍侍衛在評估時可能會犯下妄加批評或過於自信的錯誤。

侍衛也可能代表即將到來的消息。由於寶劍牌組代表知識領域，因此寶劍侍衛可能會帶來實用訊息或合約。

逆位

逆位的寶劍侍衛受到流言所支配。你可能更擔心自己的聲譽，害怕社會對你行為的看法，而不是專注於發展自己的智力，又或是你正在散布某人的八卦，打算玷汙他們的聲譽並操縱他們。別讓愛好搬弄是非者或八卦的誘惑來影響你的思維方式。你不是這樣的人，你可以做得更好。

象徵意義

站在小丘上｜略微好勝
颶風的日子｜不穩定
鳥群｜團體動力、風、思想

寶劍騎士

占星學 金牛座、雙子座

關鍵詞 聰明才智、對抗、擁護者

寶劍騎士代表在知性上的熱情。處於最佳狀態的寶劍騎士是擁護者。他們是唯一似乎有參與戰鬥的騎士。他們象徵著對抗和強烈的想法。這位騎士被自己的想法沖昏了頭。他們相信自己堅不可摧，決心追求真理。

寶劍侍衛

PAGE of SWORDS.

寶劍騎士

KNIGHT of SWORDS.

QUEEN of SWORDS.

寶劍王后

KING of SWORDS.

寶劍國王

如果寶劍騎士面對另一張牌，那張牌代表騎士所擁護的團體、主題或立場。

逆位

逆位的寶劍騎士，暗示你或在你生活中的某人因將想法強加於人而導致衝突和失衡。在智力上的嚴苛已經為了衝突而走向極端的衝突，這導致你生活中任何領域的不穩定關係和倉促溝通。逆位的寶劍騎士也可能表示過度的熱情，以及被想法沖昏了頭。

象徵意義

在風中騎行｜對抗
蝴蝶｜風、思想、思想的蛻變
掛在馬籠頭上的心｜騎士流露出的情感
鳥｜風、更崇高的思想

寶劍王后

占星學 處女座、天秤座

關鍵詞 眼光敏銳、獨立、智力、界限

寶劍王后擁有出類拔萃的批判性思維、洞察力，而且擅長建立界限。他們可能是軟體工程師、數學家、政治家或政治理論家、律師，或任何頭腦敏銳、界限明確的人。他們可能處於權威地位，而且極有原則。

寶劍王后表示你或生命中的某人很獨立、不喜歡示弱，而且非常聰明。強硬的外表下隱藏著一個曾受過重大傷害的人，但他已將傷害轉化為明確且安全的邊界、對權力和本能的敏銳理解，以及通常用於推動事業以超越自我的深刻智慧。

逆位

逆位的寶劍王后很受傷。他們會懷恨在心、耿耿於懷，而且總是在批判。他們可能是精英主義者，也可能是悲觀主義者，他們以自己受傷害的方式傷害他人。他們往往心胸狹窄，甚至殘忍。

如果這正是你的寫照，請專注在建立健康的界限，讓你既可以保護自己，又可以與他人建立聯繫，而不會讓自己受傷。請尊重他人的界限。另一方面，如果這描述的是你生活中的某人，那麼請與這個人建立明確的界限，以免他傷害你。

象徵意義

有翅膀的小天使｜保護伊甸園
積雨雲｜思想、啟示

藍天｜清晰的理解

蝴蝶｜風、思想、思想的蛻變

鳥｜風、思想

寶劍國王

占星學 摩羯座、水瓶座

關鍵詞 專業、理性、野心勃勃

寶劍國王為他們所做的一切帶來秩序和紀律。他們是建立嚴格規則和制定法律的權威人物，是擁有職權的醫生、學者或其他專業人士。

處於最佳狀態的寶劍國王會執行集體定義的安全、正義或文思嚴謹的規則和標準。他們很有邏輯、忠誠且眼光敏銳。然而，在最糟的情況下，他們會很專制。獨裁的寶劍國王絕情、霸道且心狠手辣。一般而言，寶劍國王野心勃勃、知性有魅力、頭腦理性且判斷力佳。他們通常會帶來平靜、平衡的影響，可使身邊的人感到安心。

逆位

逆位時，寶劍國王的抱負和權威變得冷酷無情。他們持續濫用權力，將一切都視為競爭。如果這描述的是你生活中的某人，除非你有辦法幫助這個人恢復同理心，否則最好避開他。

另一方面，如果你是那個被自己的力量沖昏頭的人，那就暫時跳脫這個局面，後退一步思考，讓別人來帶領改變。你將學到一些寶貴的教訓。

象徵意義

寶座上的妖精｜緹坦妮雅（Titania）：妖精王后

紫色披風｜直覺

藍袍｜明晰

蝴蝶｜風、思想、發達的思想

鳥｜風、更崇高的思想

小阿爾克那：權杖牌

權杖代表行動的精神，涵蓋了社會、公共和創意領域；在這些領域中，想法得以體現並付諸行動。權杖向我們展示自身在家庭、社群和社會中的角色，它們闡明了我們的個性和責任。權杖的特質是熱情、活力和創造力。與權杖相關的元素是火。

權杖王牌 Ace

數字 1 一體性、開端、力量

占星學 火象星座：牡羊座、獅子座、射手座

關鍵詞 創意動力、新計畫

　　權杖王牌就像魔杖，憑藉著清晰的視野和決心，你可以運用它的能量來顯化令人難以置信的事物。權杖王牌代表新計畫或冒險的開始。你感覺受到鼓舞、充滿活力，而且可以掌控自己的命運。你認為這很迷人。你受到自己的創造本能所驅使，在你的藝術、性生活、職業或社群中進行新嘗試。

　　儘管權杖王牌代表真正的機會和成功實現目標所需的信心，但也可能表示操之過急。如果是這種情況，請稍微收斂渴望，但仍持續進行自己的計畫或冒險。

逆位

　　逆位的權杖王牌表示展開新計畫或實現目標時的挫折或延遲、缺乏意志力或遠見、動搖的信念、創意障礙或錯誤的開始。在人際關係中，這暗示了熱情冷卻、分離的時刻、缺乏承諾或懷孕困難。請視需求重新調整。

象徵意義

繁茂的樹葉｜新的嘗試
右手｜意志力
山｜憧憬
城堡｜未來成就

權杖二

數字 2 二元性、平衡、選擇、伴侶關係

占星學 火星牡羊

關鍵詞 抱負、計畫、成功

　　在權杖二中，你開始將權杖王牌野心勃勃的能量轉化為行動和計畫。你考量了所有可能的路徑，然後選擇了一條道路前進。這張牌顯示在科學、藝術或其他職業方面的成就和成功。你可能已經取得或繼承了偉大的事物，或在某項嘗試中取得了初期的成功，但你的視線注視著地平線之上，在期待更大的成就。

　　你正在遙想更遠大的未來。不妨制訂行動計畫以貫徹執行，但不要倉促行事。你如何或將如何在職業生涯中找到平衡，

權杖王牌

權杖二

ACE of WANDS.

權杖三

而這種平衡是否有創意合作夥伴的參與？
這張牌也可以代表你的生活中那些世故、
聰明、技藝純熟、有創造力的人。

逆位

　　逆位的權杖二表示過於倉促或在不適
當的時機進行新的嘗試、虎頭蛇尾，或對
情感對象、專業合作夥伴、導師、把關者
或嚮導的錯誤信任。可能會有一種未能超
越父輩成就的感覺。請花點時間重新評估
你的計畫和抱負。

象徵意義

紅帽｜根據偉大成就和影響力的想法行
事；繁榮
地球｜對成長和擴張的規劃
用花裝飾的十字架｜人體和開展的意識、
力量與正義的和諧
固定在堡壘牆上的權杖｜已經實現的成就
超過人物身高的權杖｜憧憬和願景
權杖｜機會之門

權杖三

數字 3 綜合、創造力、動態平衡

占星學 太陽牡羊

關鍵詞 計畫啟動、生產力

　　權杖三表示成功地將想法付諸實踐，
並朝遠方的世界發展。商人看著他們的船
將貨物運往遙遠的市場。這張牌的場景發
生在傳統的貿易、商業和創業的世界，以
及當代的行動主義、非營利工作和社群計
畫的領域。

　　在付出大量的努力，並克服將想法轉
化為行動所涉及的挑戰之後，你已經展開
了嘗試。你的想法已經達到了一定程度的
可行度，認為這證明自己是對的。你能夠
展望未來並擬訂策略。權杖三表示你需要
同時關注計畫的大局和日常細節的情況。
眼光不要過於遠大，因而超出目前計畫的
範圍，模糊了觀點，也不要過於狹隘，導
致失去策略。

　　這張牌中的商人以手握權杖的方式表
示支持，象徵他們仍然需要從他人身上得
到支持。請堅持你的願景，但也務必要珍
惜那些支持你並願意合作的人！

逆位

　　逆位的權杖三仍然傳達正位所象徵的成功消息。然而，在這個成功的過程中，你會因為該領域的競爭、粗心大意，或行動與計畫之間缺乏平衡，而經歷失望、挫折和延誤等情況，也可能會產生溝通上的問題和誤解。這些問題可能會導致你自我懷疑或懷疑這項計畫，但你所取得的成功仍是顯而易見的。

象徵意義

紅袍｜抱負、行動

綠袍｜商業

遠方的船｜提出創意、更多的機會將到來

山｜憧憬

權杖四

數字 4 物質成就、結構、秩序

占星學 金星牡羊

關鍵詞 慶祝、安全、和平

　　權杖四慶祝的是實質或抽象的成果，以及你最親近的人在慶祝活動中的貢獻。充滿收成的鮮花和水果的彩棚，或者說婚禮拱門，代表通常透過和諧、合作和社群去努力實現的奉獻精神。你的社群正在慶祝你個人和團體的成就。

　　正如這張牌中的人物所描繪的畫面，當你慶祝由權杖四代表的事件時，通常會慶祝社會地位和頭銜發生變化的里程碑，例如畢業或結婚。你感到勝利且快樂。權杖三積極、策略性且勤奮的活力得到了回報，由於自己的努力，你已經達到了穩定、和平與和諧的短暫平穩期。這張牌強調的就是這樣的成就為你的家庭和社群帶來的穩定與和平。

逆位

　　整體而言，逆位的權杖四具有與正位相同的意義。有時這張牌的逆位代表阻礙社交聚會進行的事物，或許你忽略了祝福，又或是認為自己不值得擁有這些祝福。

象徵意義

婚禮拱門／頂篷｜家庭和款待賓客

城堡｜保護

黃色背景｜意識、喜悅和表現

權杖五

數字 5 變化、挑戰、不確定性、調解

占星學 土星獅子

關鍵詞 競爭、衝突、混亂

在享有權杖四的穩定和喘息時間後，是時候稍微混入不同的特質了。5 具有動態的特質，會混入新的元素。權杖五代表感覺混亂的時期。你感到沮喪、困惑、矛盾、厭倦或爭強好勝。

這張牌中的圖像故意讓人摸不清牌卡中的人物是在打鬥、玩鬧、建造還是拆除結構。當許多能量匯集在一起，並開始統整時，往往無法從一開始就知道事態的發展或預知結果。因此，這張牌的範圍可以從友好的競爭和適量的幹勁，到毫無保留的戰鬥和不必要的混亂或傷害。

這通常是健康或具有建設性的競爭。在這場競爭中，人人都有希望獲勝，因此這可能是測試、釐清你意圖和計畫的刺激時刻。如果沒有這種壓力和刺激，你可能就無法創新，或是對自己有全新的發現。然而，這張牌也可能代表暗鬥。合作者、家人、社群成員或同學之間互相敵對、爭奪獎賞、地位或控制權。

逆位

逆位的權杖五表示你正在忽視或壓抑衝突，而不是處理、表達不穩定的事實，或結束這個局面。逆位的權杖五也可能帶有相反的意義，暗示決心、和解與合作。逆位的權杖五也可能表示，許多事物都需要你的關注，而你透過選擇優先順序來擺脫這混亂的局面。

象徵意義

紅色與綠色｜意志力的衝突
晴朗的藍天｜正面的結果是有可能的

權杖六

數字 6 和諧、融合、順從

占星學 木星獅子

關鍵詞 勝利、認可、使者和消息

權杖六是設法在權杖五的建設性競爭和混亂能量中生存下來，並以新能力和技能度過難關。在權杖五變幻莫測的環境中，你的天賦受到考驗，你在反覆嘗試中磨練技能，並展現自己的堅韌。在這嚴峻

的考驗中，你創造出新的處事方式，並用新方式與你的家庭、工作或更廣泛的社群互動。

權杖六顯示一位從抗爭或某種競爭中取得勝利的人物，或是也能代表一位使者帶來極棒的消息。權杖六可以代表掌握技能的程度到達新的境界，而且是你身邊的人可以證明或認可的程度。而這種認可通常會以晉升的形式來到。你的成就或勝利可能會讓很多人受益，並為自己贏得廣大的支持、尊重、成功和認可。你的努力獲得了回報，可以享受成功帶來的好處。

逆位

逆位的權杖六可能意味著獎勵或晉升已延遲，但仍會到來。也可能表示因為某人而失望。

象徵意義

頭上和權杖上的月桂花環｜勝利、力量，以及廣大的支持和尊重。
綠衣｜新生活
收緊韁繩｜冷靜而熟練地運用力量和能量

權杖七

數字 7 靈性、考驗

占星學 火星獅子

關鍵詞 勇氣、自衛、堅強、固執

權杖七顯示一位確實站在高地上的人物，用一根權杖來抵禦六根攻擊的權杖。在這種只能選擇戰鬥或逃跑的情況下，這個人採取了強硬的姿態並選擇戰鬥。這張牌表示你正在捍衛或保護自己、你的信仰，或許也包括保護其他人免受騷擾，或是對抗挑戰你立場的人。

確實存有挑戰，但只要不讓自己陷入困境，或等待太久才採取行動，挑戰絕對是可以克服的。

當這張牌的特質被過度放大時，你會發現自己的防禦性過強，或對批評很敏感。這張牌終究還是與堅守立場有關，無論是出於固執、恐懼、對信仰的堅定信念，還是出於想保護真正珍貴事物的更高召喚，你都在保護對自己而言重要的事物。

權杖四

權杖五

權杖六

權杖七

逆位

逆位的權杖七表示你感到不情願、不安全或優柔寡斷，而這些感覺使你無法捍衛自己。你並非毫無防備。請深呼吸，好好迎接這個挑戰。

象徵意義

站在高地｜道德高尚

藍色天空｜意識清明

綠色｜天性、成長

權杖八

數字 8 領航、繁榮、權威

占星學 水星射手

關鍵詞 移動、加速、溝通

移動和加速是權杖八的特徵。計畫的開展、關係或尋找愛情等事項正獲得動力，並達到其彈道的頂點。你知道自己想要什麼，以及自己想達成的目標是什麼。你已經準備好、願意且能夠完成所有必要的任務，以取得努力想達到的成功。

作為溝通的牌卡，權杖八可能表示在實現目標的過程中需要大量的溝通，或是你即將收到消息。這八根飛舞的權杖也代表移動，可能表示快速的變化或轉變，以及需要同時做很多事才能努力跟上變化。事情的發展令人歡快，但可能還懸而未決。你可能迫不及待地想知道事情的結局。轉變也可能指從一個地點移動到另一個地點：你可能正在旅行。

權杖八也有失去平衡的意涵，表示你可能正同時做太多事，像這樣分散精力並沒有什麼意義，只會讓你感到不必要的狂熱和過度刺激。

逆位

當權杖八逆位時，表示你因為無止境的活動而讓自己累得精疲力盡。你沒有完成打算完成的事，拒絕為事情排出優先順序，或者你正在經歷倦怠。請放慢腳步。逆位也可能表示你不願意承擔這張牌的活力。你在拖拖拉拉、拖延，行動緩慢，而這並不適合當下的情況。請採取行動。

象徵意義

藍天｜明晰

河｜流動

權杖九

數字 9 完成、冥想、實現目標

占星學 月亮射手

關鍵詞 守護、保護、捍衛

　　守護自己的界限是權杖九的主題。這張牌中的人物渴望保護他們自己和成就，即使他們已經在戰鬥中受傷，正如他們頭上的繃帶所示。權杖九表示你真的相信需要保護自己免受攻擊，儘管你因戰鬥而精疲力盡，而且有跡象顯示你可能反應過度。

　　相較於權杖七，你是受到自己的理想所驅使而去捍衛自己，而權杖九的自我防衛則幾乎已經成了一種習慣。這張牌沒有顯示任何迎面而來的攻擊者，但該人物仍然預期自己會被攻擊。不妨問問自己，你的警覺心現在是否有幫助？你是否需要為即將到來的挑戰做好準備？如果真是如此，防衛真的是比解決問題更好的準備，還是偏執讓你覺得這是最好的辦法？

　　權杖九表示你或目前生活中的某人是堅強、堅定的倖存者，他們奮力取得了強大的地位。這張牌促使你觀察你如何對待自己和他人的脆弱，並鼓勵你保留精力，

或採取更溫和的方法。

逆位

　　逆位的權杖九表示你因戰鬥而沮喪和精疲力盡。無論你如何抗爭，生命中那些不講理或要求苛刻的人都沒有退縮。你正處於屈服的邊緣。請確認自己是否過度防禦，或是否真的需要捍衛自己。不論是哪種情況，都請改變你的策略。

象徵意義

權杖柵欄｜職責與成就
石台｜穩固的基礎、腳踏實地
頭上的繃帶｜過去的掙扎

權杖十

數字 10 頂點（成功或困難）、開始和結束

占星學 土星射手

關鍵詞 責任、負擔、力量

　　權杖十表示你背負著社會、家庭或職業相關的責任。你已經承擔了很多，或許過多了。這張牌顯示的是一位勉強可承擔起這些責任的人物。他們的背在十根權杖

的重壓下而彎曲，但他們夠強壯，至少可以將重擔背得更遠一些。前方的路清晰可見，這個人已經快到家了。

你就快抵達終點線，卻看不到自己要前進的方向，所承擔的這一切可能真的會讓你忘了自己的目的地。權杖的重擔至少是緊緊聚集在一起，暗示著目的和願景的統一。這張牌象徵著結束、最後的衝刺。憑藉著力量、毅力，並盡可能決定優先順序和深謀遠慮，你將能堅持到這一刻，另一方面則能享受解脫和回報。

如果這張牌經常出現在你的占卜中，請思考你一直承受如此多的重擔是否健康，以及可以做些什麼來減輕負擔。

逆位

逆位的權杖十代表持續的壓力，以及不願放下自己的重擔。你可能努力想討好每個人，卻不知道自己想要或需要什麼。請花點時間確認自己的優先順序、分配工作、恢復自己的健康，並重新銜接你的長期目標。

象徵意義

藍天｜事情將會好轉
農地｜肥沃的土地、為收穫而努力

權杖八　　　　　　　權杖九

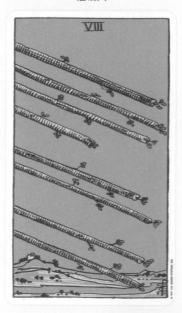

權杖十

權杖侍衛

占星學 火象星座：牡羊座、獅子座、射手座

關鍵詞 富有靈感、熱情、好消息

權杖侍衛富有靈感、自信且充滿活力。他們很年輕，或是心態上很年輕，而且精力充沛，喜歡創造並持續冒險。他們非常認真，在他們認真時是值得信賴的。權杖侍衛可能指的是你自己的特質，或是指具有權杖侍衛特質的人目前對你生活的影響。

侍衛是學習該牌組領域的新手。由於權杖牌組代表家庭和社群中的社會角色領域以及創意靈感，權杖侍衛是充滿靈感和理想主義的年輕人，或是任何內心年輕或剛接觸某社群或勢力範圍的人，他們對自己在世界上的身分和角色充滿興趣、好奇和疑問。

侍衛也可能意味著使者或訊息的到來。由於權杖牌組涉及溝通，你可能會收到來自家人或工作的好消息，或接到大量的電話或電子郵件。

逆位

逆位的權杖侍衛表示這張牌的正位特質被隱藏。出於恐懼或厭煩，你的創造力、活力和冒險精神的特質被阻礙。逆位的權杖侍衛也可能表示，你或影響你的人拒絕專注在需要完成的工作或需要照料的人際關係上，因為他們過於專注在滿足自己對刺激的需求。

象徵意義

外衣上的蠑螈｜心靈上的重生
紅色羽毛｜生命力、活力、憧憬
金字塔｜從文化、靈性和創意成就中汲取靈感

權杖騎士

占星學 天蠍座、射手座

關鍵詞 慷慨激昂、熱情、鼓舞人心

權杖騎士可能是整個牌組中最慷慨激昂的一張牌。這位騎士在慾望、靈感、憤怒和熱情之間搖擺不定，似乎沒有什麼能澆熄他的熱情。這張牌卡描述了你或你生活中習慣或目前正野心勃勃、充滿熱情或

權杖侍衛

PAGE of WANDS.

權杖騎士

KNIGHT of WANDS.

QUEEN of WANDS.

權杖王后

KING of WANDS.

權杖國王

受到啟發的人。

權杖騎士代表充滿活力和展望的時期。慾望、性愛和對創意計畫的熱情投入正是你目前生活的寫照。如果在牌陣中的權杖騎士面對著另一張牌，那麼面對的牌可顯示出權杖騎士投注精力的對象或領域。

逆位

逆位的權杖騎士顯示過度的熱情正在強化你或生活中某人的性格。有人正處於競爭和自負的狀態。請試著幫助自己或這個人重拾正位權杖騎士更純粹的特質：鼓舞人心和創作熱情。逆位的權杖騎士也可能表示這位騎士的正位特質因缺乏安全感而受阻。同樣地，請讓純粹的熱情重新激發你的靈感並為你指明方向。

象徵意義

火焰或紅色羽毛｜火、熱情、慾望、活力、動力

金字塔｜文化、靈性和創意成就

外衣上的蠑螈｜火、精神韌性

權杖王后

占星學 雙魚座、牡羊座

關鍵詞 有遠見、企業家、自信

權杖王后是奮發努力且具創意的有遠見者。權杖王后友善、鼓舞人心且富有魅力，他們建立了廣大的網絡，並透過這些網絡接收、傳播和發展思想。他們是自信、野心勃勃的領導者或企業家。他們的遠見和創新為人們帶來啟發，而務實且鼓舞人心的能量具有渲染力。

權杖王后指出你身上具有這些特質，或是生活中體現這些特質的人所帶來的影響。如果目前的生活正受到權杖王后的特質引導，那麼你正在享受計畫的成功，並享有支持這些計畫的社交網絡。你是領導者、有遠見者，許多人樂見你成為導師、同事、合作者或朋友。

逆位

逆位的權杖王后固執己見且控制慾強。這張逆位的牌可能預示你會和母親或生活中某個固執己見的人發生衝突。如果是這種情況，請留意牌卡的位置，以及牌陣中的其他牌卡，以深入了解這個衝突的性質，還有可以如何解決。

如果你是那個專橫或固執己見的人，請重新連結創造力和靈感，以及你必須建

立自己計畫的控制權。相信自己的創造潛力，並允許其他人走他們自己的路。你可能會發現，自己創意工作越是耀眼，其他人就越會向你尋求建議和指導。

象徵意義

向日葵｜成長、活力、願景
獅子和貓｜力量、勇氣、領導力、魔法和賽克美特（Sekhmet，埃及的治療和戰爭之神）
黃色｜有意識的覺察、喜悅、想法的實現

權杖國王

占星學 巨蟹座、獅子座

關鍵詞 明智、有魅力、成功

權杖國王富有魅力、世故、睿智、善於溝通，而且熱情洋溢。他們是自由的靈魂，已經精通自己的領域，而且也能夠控制自己的熱情。他們喜歡聊天、旅行和掌控一切。他們是長大成人的權杖侍衛或騎士，也可能是靈性長老、行動者或執行長。

權杖國王敢於冒險，但在自己的領域非常熟練，而且精力充沛，因此他們能在事情失控之前發現問題。權杖國王可能代表你身上的特質，也可能是指這位國王的特質為你的生活帶來的影響力。

如果權杖國王的特質描述了你目前的情況，表示你正在展現自己對創造力的精通，以及對自己人際關係和角色的自信。

逆位

逆位的權杖國王固執己見、魯莽、好勝、控制慾強、管太多，甚至專制。如果這正是你目前的寫照，重要的是掌握（或重新掌握）自己的熱情。可將你的憤怒化為力量，並投入在靈性掌握、創意表達或領導力的實踐中。用這些方式來發揮熱情將為你帶來更有意義的成功，並避免讓許多受你影響的人傷心。

如果逆位的權杖國王正在對你施加影響，請查看牌卡的位置，以及牌陣中的其他牌卡，以了解這個議題的性質和解決方法。

象徵意義

橘色和紅色｜火、精神力量、活力、生命力、抱負
蠑螈｜火、精神力量與韌性
獅子｜力量、勇氣、生命力、領導力

THE CHARIOT.

THE HIGH PRIESTESS.

THE SUN.

VIII

III

KNIGHT of CUPS.

III

ACE of PE

II

VI

THE LOVERS.

IV

XVII

THE STAR.

VI

X

JUS

X

X

I

IV

X

結語

我希望這本書能幫助你用塔羅連結自我探索和成長的直覺能力。除了提供大阿爾克那和小阿爾克那的牌卡說明以外，我也在第 4 章提出一種連結牌卡的方法。當你使用塔羅牌持續取得深刻的意義並開發見解，成為更真實的自己，你就可以開始過上過去所無法想像的生活。牌卡是既平凡又神奇的物品。

在本書中，我們介紹了牌卡的歷史和功能。儘管這項靈性工具起初只是單純的紙牌遊戲，而且是以各種象徵主義拼湊而成，但還是能夠喚醒深層的真理，而且準確度令人嘆為觀止。

本書提供關於占卜空間的準備和牌卡保養的說明，顯示出儀式的重要性，但也強調了你能創造並實踐出更具個人特色的能力。

隨著更深入的塔羅實踐，請認真研讀牌卡，但要讓信任引導自己。有許多塔羅牌的解讀技巧只能透過實際占卜來學習。因此，請信任自己和這個過程，記住你一開始只能像愚人一樣放手一搏，才能取得對自己能力的信心。

請信任塔羅牌所告訴你的。儘管只在牌卡告訴我們好事時才相信，這樣的主意很誘人，但不受歡迎的訊息最終可能會成為最令你感激、讓你學到最多的訊息，並有助你成長、擺脫限制。隨著你持續發展與牌卡之間的連結，尋找和擁抱信任會變得更容易，這會讓你對自己的人生決定更有信心，並塑造更有意義的生活。同樣也要相信，信任終究會到來。

透過你感知抽象與具體、潛在與實際、牌卡與生活之間連結的能力，透過你願意表達見解，並運用它們來成長和鼓舞你遇到的每一個人，願你能從中尋獲自由和無條件的愛。

牌卡與關鍵詞速查表

大阿爾克那牌卡

牌卡	正位關鍵詞	逆位關鍵詞
0. 愚人	放手一搏、純真、冒險	衝動、受約束
I. 魔術師	創造力、表現、能力	濫用力量、無能為力
II. 女祭司	內在知識、直覺、二元性	保密、欺騙、忽視直覺
III. 皇后	美麗、母性、創造力	成為母親的困難、與母親的衝突、創意障礙
IV. 皇帝	可靠、父親身分、責任	不可靠、政變、革命
V. 教皇	教育、知識、宗教、遵從	領導不力、自由奔放的有遠見者
VI. 戀人	連結、滿足、愛、選擇	誘惑、優柔寡斷、背叛
VII. 戰車	動力、突破、旅行	失控、失望
VIII. 力量	同情心、毅力、力量	強勢、被動
IX. 隱士	智慧、探索者、內在的聲音	自我封閉

牌卡	正位關鍵詞	逆位關鍵詞
X. 命運之輪	變化、模式、財富	命運停滯、結束、反抗命運
XI. 正義	平衡、客觀、公正、公平	不公正
XII. 倒吊人	信任、自我犧牲、等待	絕望、喪失信念、過度自我犧牲
XIII. 死神	結局、轉化、悲傷、重生	恐懼、困惑、抗拒轉變
XIV. 節制	創造力、藝術、療癒、平衡	失衡、放縱、剝奪
XV. 惡魔	活力、玩樂、誘惑、壓迫	釋放、切割
XVI. 塔	破壞、後果、災難、排毒	捲入紛爭
XVII. 星星	指路願景、療癒、創造力	天真、忽視、憤世嫉俗
XVIII. 月亮	夢、本能、危機	創傷、情緒累積、陷入舊有模式
XIX. 太陽	喜悅、成功、健康、孩童	同正位意義，或是失去珍愛之物
XX. 審判	更高的召喚、批評、主觀判斷、赦免	過度批判
XXI. 世界	完成、慶祝、完整	在受限的範圍內努力

小阿爾克那牌卡：聖杯

牌卡	正位關鍵詞	逆位關鍵詞
聖杯王牌	愛、喜悅、靈性	靈性自大、創意或情感障礙
聖杯二	夥伴關係、友誼、合作	溝通不良、相互依賴
聖杯三	慶祝、友誼、同志情誼	過度依賴朋友、尋求認可、過早慶祝
聖杯四	休息、反思、厭煩、冷漠	重新參與或不滿
聖杯五	悲痛、悲傷、哀悼	難以承受的損失或從悲傷中恢復、獲得支持
聖杯六	安逸的童年、懷舊	懷舊或不愉快的童年回憶
聖杯七	幻想、創造力、誘惑	錯覺、幻想或抗拒誘惑

牌卡	正位關鍵詞	逆位關鍵詞
聖杯八	離開、流浪、尋找	漂泊不定、缺乏耐心或回家
聖杯九	接待、歡迎、享受	不值得享受、過度放縱
聖杯十	親情、團結、喜悅	親情、對和諧的威脅、對理想的干擾
聖杯侍衛	天真、富有想像力、夢想家、鼓舞人心的消息	天真、不負責任、衝動
聖杯騎士	浪漫、理想主義、熱情、靈感	靈性障礙、拒絕、關係中的占有慾
聖杯王后	滋養、療癒	憂鬱、受害者心態、精疲力盡
聖杯國王	平靜、可以傾訴心聲的人	不安全感、羞恥感、仇恨、背叛

小阿爾克那牌卡：錢幣

牌卡	正位關鍵詞	逆位關鍵詞
錢幣王牌	完美、滿足、繁榮	財務上的失望、唯物主義、浪費
錢幣二	雜耍、平衡	工作與生活失衡、精疲力盡、不知所措
錢幣三	有意義的工作、合作、聲譽	單調乏味、平庸或倦怠
錢幣四	安全、吝嗇	財務需求或吝嗇
錢幣五	艱困、社群韌性	身體或財務上的復原
錢幣六	慷慨、社會正義	慷慨被視為理所當然
錢幣七	投資、不確定性、耐心	逃避責任

牌卡	正位關鍵詞	逆位關鍵詞
錢幣八	努力工作、專注、教育、訓練	過勞、令人不滿意的職業
錢幣九	退休、繁榮、舒適	孤獨、遺憾
錢幣十	世代、社群資源、基礎	在財務、財產或價值觀方面的家庭衝突
錢幣侍衛	學徒、勤奮、敬畏、關於金錢的好消息	物質主義、浪費、關於財產或財務的壞消息
錢幣騎士	供應者、負責、建構、安全	慣性、固執、憤世嫉俗、疏忽大意
錢幣王后	足智多謀、務實、慷慨	依賴、管理不善
錢幣國王	供應者、確立、安全	貪婪、物質主義、貪污、賭博

小阿爾克那牌卡：寶劍

牌卡	正位關鍵詞	逆位關鍵詞
寶劍王牌	智力、成功、決定	衝突、濫用力量
寶劍二	優柔寡斷、猶豫不決、直覺	判斷力差、選擇立場或全新的清晰視野
寶劍三	悲傷、心碎、情感宣洩	緩和的痛苦
寶劍四	恢復、休息、反思	漫長的恢復期
寶劍五	衝突、失敗、潰敗	不公平的競爭、霸凌、欺壓
寶劍六	旅行、展望、繼續前進	墨守成規
寶劍七	偷偷摸摸、算計、偷竊	不誠實、不值得信任

牌卡	正位關鍵詞	逆位關鍵詞
寶劍八	癱瘓、束縛、排斥	麻木的優柔寡斷或釋放
寶劍九	焦慮、恐慌、失眠	度過難關
寶劍十	背叛、暗箭傷人、釋放	譴責、更多危機即將來臨
寶劍侍衛	聰明、爭強好勝、微不足道的打壓、實用資訊或合約	流言、名譽受損、操縱
寶劍騎士	聰明才智、對抗、擁護者	衝突、得意忘形
寶劍王后	眼光敏銳、獨立、智力、界限	怨恨、惡意
寶劍國王	專業、理性、野心勃勃	冷酷無情、濫用力量、過度競爭

小阿爾克那牌卡：權杖

牌卡	正位關鍵詞	逆位關鍵詞
權杖王牌	創意動力、新計畫	拖延、缺乏意志力、熱情冷卻
權杖二	抱負、計畫、成功	時機不對、沒有堅持到底
權杖三	計畫啟動、生產力	成功中的延誤、輕微的失望、溝通問題
權杖四	慶祝、安全、和平	同正位意義，或是受挫、被忽視的慶祝活動
權杖五	競爭、衝突、混亂	忽略或壓制衝突，或合作或確定優先順序
權杖六	勝利、認可、使者和消息	延遲晉升、失望
權杖七	勇氣、自衛、堅強、固執	迴避衝突

牌卡	正位關鍵詞	逆位關鍵詞
權杖八	移動、加速、溝通	無意義的活動或拖延
權杖九	守護、保護、捍衛	精疲力盡的對抗、屈服
權杖十	責任、負擔、力量	壓力、無法確定優先順序
權杖侍衛	富有靈感、熱情、好消息	受阻的能量或過度興奮
權杖騎士	慷慨激昂、熱情、鼓舞人心	好勝、自負、缺乏安全感
權杖王后	有遠見、企業家、自信	掌控慾強、與掌控慾強的人發生衝突
權杖國王	明智、有魅力、成功	固執己見、魯莽、好勝、管太多、專制

可參考資源

以萊德偉特史密斯牌組為基礎的塔羅牌

- *Next World Tarot* by Cristy C. Road—a socially engaged and wonderfully imagined tarot deck（also available in Spanish as *El Tarot Del Próximo Mundo*）
- *Osho Zen Tarot* by Osho—a Zen-inspired tarot deck
- Rider-Waite-Smith Tarot by Arthur Edward Waite and Pamela Colman Smith—the standard tarot deck used in this book（also called the Rider Deck and Rider-Waite Deck）
- *Sakki-Sakki Tarot* by Monicka Clio Sakki—a tarot deck that features creative, brightly colored imagery; includes one extra Major Arcana card: The Artist
- *Slow Holler Tarot* by Slow Holler Collective—an enchanting, collectively drawn tarot deck by queer and Southern artists
- *Tarot of the Dead* by Monica Knighton—a tarot deck inspired by *Día de los Muertos* （The Day of the Dead, a traditional holiday in Mexico, celebrated by Mexicans around the world）
- *Wild Unknown Tarot* by Kim Krans—an evocative, animal-themed tarot deck

實用網站

- Crystal Clear Reflections: Tarot Divinations
- Crystal-reflections.com/tarot3
- Little Red Tarot: An Alternative Approach to Tarot（Beth Maiden, Founder）Littleredtarot.com

實用書籍

- Pollack, Rachel. *The Complete Illustrated Guide to Tarot.* New York, NY: Gramercy Books, 2004.（繁體中文版為《塔羅全書（修訂版）》，瑞秋・波拉克著、孫梅君譯，商周出版，2012。）
- Pollack, Rachel. *Seventy-Eight Degrees of Wisdom: A Book of Tarot.* London, UK: Thorsons, 1997.（繁體中文版為《78 度的智慧》，瑞秋・波拉克著、孫梅君譯，商周出版，2010。）
- Renée, Janina. T*arot: Your Everyday Guide.* St. Paul, MN: Llewellyn Publications, 2000.
- Warwick-Smith, Kate. *The Tarot Court Cards: Archetypal Patterns of Relationship in the Minor Arcana.* Rochester, VT: Destiny Books, 2003.

參考書目及資料

- Dean, Liz. *The Ultimate Guide to Tarot: A Beginner's Guide to the Cards, Spreads, and Revealing the Mystery of the Tarot.* Beverly, MA: Fair Winds Press, 2015.（繁體中文版為《塔羅終極指南：世界塔羅大師之作，78 張阿爾克那牌義解析，啟發靈性直覺》，麗茲・迪恩著、黃春華譯，楓書房，2019。）

- Eason, Cassandra. *Complete Guide to Tarot.* Freedom, CA: The Crossing Press, 1999.

- Greer, Mary K. *Tarot for Your Self: A Workbook for Personal Transformation.* Franklin Lakes, NJ: New Page Books, 2002.

- Greer, Mary K. *21 Ways to Read a Tarot Card.* St. Paul, MN: Llewellyn Publications, 2006.（繁體中文版即將出版：《塔羅解牌大師 21 祕技：獨創互動式解讀練習，透析牌義本質，掌握聯想關鍵詞》，瑪莉・K・格瑞爾著、林惠敏譯，三采文化，2023。）

- Greer, Mary K. "The Visconti Tarots." Mary K. Greer's Tarot Blog. July 3, 2011. Accessed December 24, 2017. https://marykgreer.com/2011/07/03/the-visconti-tarots.

- Huson, Paul. *Mystical Origins of the Tarot: From Ancient Roots to Modern Usage.* Rochester, VT: Destiny Books, 2003.

- Nichols, Sallie. *Jung and Tarot: An Archetypal Journey.* San Francisco, CA: Red Wheel/Weiser, 1980.

- Norfleet, Phil. "Alfred Stieglitz and Pamela Colman Smith." Accessed November

20, 2017. http://pcs2051.tripod.com/stieglitz_archive.htm#.

- Pollack, Rachel. *The Complete Illustrated Guide to Tarot.* New York, NY: Barnes and Noble Books, 1999.（繁體中文版為《塔羅全書（修訂版）》，瑞秋·波拉克著、孫梅君譯，商周出版，2012。）

- Quinn, Paul. *Tarot for Life: Reading the Cards for Everyday Guidance and Growth.* Wheaton, IL: Theosophical Publishing House, 2009.

- Warwick-Smith, Kate. *The Tarot Court Cards: Archetypal Patterns of Relationship in the Minor Arcana.* Rochester, VT: Destiny Books, 2003.

- Wen, Benebell. *Holistic Tarot: An Integrative Approach to Using Tarot for Personal Growth.* Berkeley, CA: North Atlantic Books, 2015.

書目及資料

致謝

我要感謝父母對我的信任。多年來，我對所有的創意寫作老師充滿無限感激，是他們在無意中教會我解讀塔羅牌。尤其是 Regina Louise、Carolyn Cooke 和 Gina Franco。感謝我的塔羅牌好友 Susannah White 和 Alia Curtis。在此以文字永遠懷念 Tasha。Nana Twumasi，感謝你對本書出色的編輯和策劃。Leigh Saffold 和 Elizabeth Castoria，感謝你們給我這樣的機會。感謝 Carol Rosenberg 和 Callisto 的每一個人，是你們讓這本書得以問世。感謝 Harriet 和 Rohan，我們因此而相識。

最後，感謝 Alan Clark，他是我在情感上和實際上一起做蠢事的夥伴，感謝他無盡的靈感、歡樂和支持。

國家圖書館出版品預行編目資料

我的第一本！塔羅自學指南：從占星、數字、符號到色彩，完整掌握牌義、提升直覺意識，從新手變上手！（Tarot for Beginners: A Holistic Guide to Using the Tarot for Personal Growth and Self Development）／梅格・海耶茲（Meg Hayertz）著、林惠敏 譯 -- 初版 . -- 臺北市：三采文化股份有限公司, 2023.10　面；　公分
ISBN 978-626-358-183-8(平裝)

1. 命理占卜 2. 塔羅

292.96　　　　　　　　　112014094

◎封面圖片提供：
miriamgilalbert - stock.adobe.com

suncolor
三采文化

Spirit 身心靈 38

我的第一本！塔羅自學指南

從占星、數字、符號到色彩，完整掌握牌義、提升直覺意識，從新手變上手！

作者｜梅格・海耶茲（Meg Hayertz）　譯者｜林惠敏
責任編輯｜戴傳欣　美術主編｜藍秀婷　封面設計｜李蕙雲
內頁排版｜陳佩君　校對｜黃薇霓　版權副理｜杜曉涵

發行人｜張輝明　總編輯長｜曾雅青　發行所｜三采文化股份有限公司
地址｜台北市內湖區瑞光路 513 巷 33 號 8 樓
傳訊｜TEL：（02）8797-1234　FAX：（02）8797-1688　網址｜www.suncolor.com.tw
郵政劃撥｜帳號：14319060　戶名：三采文化股份有限公司
初版發行｜2023 年 10 月 13 日　定價｜NT$580
3 刷｜2024 年 8 月 20 日